红色广东丛书

东征南讨 与北伐战争

胡国胜 编著

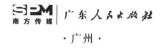 广东人民出版社
·广州·

图书在版编目（CIP）数据

东征南讨与北伐战争 / 胡国胜编著 . —广州：广东人民出版社，
2021.6（2023.7重印）

（红色广东丛书）

ISBN 978-7-218-14822-9

Ⅰ . ①东… Ⅱ . ①胡… Ⅲ . ①第一次国内革命战争—史料—广
东 Ⅳ . ①K262.340.6

中国版本图书馆CIP数据核字（2020）第263735号

DONGZHENG NANTAO YU BEIFA ZHANZHENG

东征南讨与北伐战争

胡国胜　编著

出 版 人：肖风华

出版统筹：钟永宁
责任编辑：曾玉寒　廖智聪
装帧设计：河马设计　李卓琪
责任技编：吴彦斌　周星奎

出版发行：广东人民出版社
地　　址：广州市越秀区大沙头四马路 10 号（邮政编码：510199）
电　　话：（020）85716809（总编室）
传　　真：（020）83289585
网　　址：http://www.gdpph.com
印　　刷：三河市华东印刷有限公司
开　　本：787mm×1092mm　1/16
印　　张：15　　**字　数**：180 千
版　　次：2021 年 6 月第 1 版
印　　次：2023 年 7 月第 3 次印刷
定　　价：45.00 元

如发现印装质量问题，影响阅读，请与出版社（020-85716849）联系调换。
售书热线：（020）85716833

《红色广东丛书》编委会

主　编：陈建文

副主编：崔朝阳　李　斌　杨建伟　谭君铁

编　委：（以姓氏笔画为序）

王　涛　刘子健　肖风华　沈成飞

陈　飞　陈春华　林盛根　易　立

钟永宁　徐东华　郭松延　黄振位

曾庆榴　谢　涛　谢石南

总　序

　　百年征程波澜壮阔，百年大党风华正茂。习近平总书记在党史学习教育动员大会上指出："我们党的一百年，是矢志践行初心使命的一百年，是筚路蓝缕奠基立业的一百年，是创造辉煌开辟未来的一百年。"翻开风云激荡的百年党史，一代又一代中国共产党人，用鲜血和生命浸染了党旗国旗的鲜亮红色，书写了可歌可泣的历史篇章，铸就了彪炳史册的丰功伟绩。一百年来，党的红色薪火代代相传，革命精神历久弥坚，红色基因已深深根植于共产党人的血脉之中，成为我们党坚守初心、永葆本色的生命密码。

　　广东是一片红色的热土，不仅是近代民主革命的策源地，也是国内最早传播马克思主义、最早成立共产党早期组织的省份之一。在新民主主义革命的漫长历程中，广东党组织在中共中央的领导下，发动、组织和领导广东人民开展了一系列广泛而深远的革命斗争。1921年，广东党组织成立后，积极开展工人运动、青年运动，并点燃和周恩来等人的精心策划安排下，广东党组织冲破日军控制封锁，成功开展文化名人秘密大营救，将800多名被困香港的文化名人、爱国民主人士及家眷、国际友人等平安护送到大后方，书写了抗战史上的光辉一页。

解放战争时期，在中共中央的领导下，华南地区大力开展武装斗争，开辟出以广东为中心的七大块游击根据地，成立了中国人民解放军琼崖纵队、粤赣湘边纵队、闽粤赣边纵队、桂滇黔边纵队、粤中纵队、粤桂边纵队和粤桂湘边纵队等人民武装，其中仅广东武装部队就达到8万多人，相继解放了广东大部分农村，在全省1/3地区建立起人民政权，为广东和华南的解放创造了有利条件。在广东党组织的配合下，人民解放军南下大军发起解放广东之役，胜利的旗帜很快插遍祖国南疆。

革命烽火路，红星照南粤。广东见证了中国共产党从新生到大革命、土地革命，再到抗日战争、解放战争等革命斗争全过程。其间，毛泽东、周恩来、刘少奇、朱德、邓小平、叶剑英、彭德怀、刘伯承、贺龙、陈毅、聂荣臻、徐向前、李富春、粟裕、陈赓等老一辈革命家和李大钊、蔡和森、瞿秋白、陈延年、彭湃、叶挺、杨殷、邓发、张太雷、苏兆征、杨匏安、罗登贤、邓中夏、恽代英、萧楚女、阮啸仙、张文彬、左权、刘志丹、赵尚志等一大批革命先烈都在广东战斗过，千千万万广东优秀儿女也在革命斗争中抛头颅、洒热血，留下了光照千秋的革命历史和革命精神。广东这片红色热土，老区苏区遍布全省，大大小小的革命遗址分布各地，留下了宝贵而丰厚的红色文化历史遗产。

习近平总书记强调，中国革命历史是最好的营养剂。重温这部伟大历史能够受到党的初心使命、性质宗旨、理想信念的生动教育，必须铭记光辉历史、传承红色基因。我们有责任把党领导广东人民进行革命斗争的光辉历史和伟大功绩研究深、挖掘透、展示好，全面呈现广东红色文化历史，更好地以史铸魂、教育后人，让全省人民在缅怀英烈、铭记历史中汲取砥砺奋进的强大力量，让人们深刻认识红色政权来之不易，新中国来之不易，中国特色社会主义来之不易，确保红色江山的旗帜永远高高飘扬。

为充分挖掘广东红色文化资源的丰富内涵，我们组织省内党史、党校、社科、高校等专家学者，集智聚力分批次编写《红色广东丛书》。丛书按照点面结合、时空结合、雅俗结合原则，分为总论、人物、事件、地区、教育五个版块。总论版块图书，主要综述中国共产党在广东的革命斗争历史概况，人物版块图书主要讴歌广东红色人物，事件版块图书主要论说党领导广东人民开展革命斗争的历史事件，地区版块图书从地市和历史专题角度梳理广东地域红色文化，教育版块图书着力打造面向青少年及党员的红色主题教材。丛书以相关的文物、文献、档案、史料为依据，对近些年来广东红色文化资源研究成果做了一次全面系统梳理，我们希望这套丛书能为党史学习教育、革命传统教育、爱国主义教育提供重要内容支撑。

一切向前走，都不能忘记走过的路，走得再远、走到再光辉的未来，也不能忘记走过的过去，不能忘记为什么出发。站在"两个一百年"的历史交汇点上，我们要更加坚定自觉地学史明理、学史增信、学史崇德、学史力行，赓续红色血脉，传承红色基因，以一往无前的奋斗姿态、风雨无阻的精神状态，推动广东在全面建设社会主义现代化国家新征程中走在全国前列、创造新的辉煌。

《红色广东丛书》编委会

2021年6月

目录
CONTENTS

一 合作

　　"合作"是指中国共产党与中国国民党的第一次合作。十月革命的炮声，对孙中山影响很大。旧式革命屡战屡败，孙中山认识到必须借助俄式革命改变中国面貌。此时，刚刚诞生的中国共产党已经敏锐地察觉到中国国情的异常复杂性，军阀混战及各自背后帝国主义列强的利益博弈，民众生活难以为继，国家危亡。面对各种反革命力量，中国共产党迅速调整策略，寻求与进步革命力量合作，并移步广州召开中国共产党第三次全国代表大会（以下简称中共三大），专题讨论国共合作事宜，同意中共党员以个人身份加入中国国民党，以党内合作方式体现真诚。最终，国共合作使得中国革命全面、迅速发展，中国革命在广东呈现新局面。

（一）护法沉思

　　袁世凯一生最大的败笔就是复辟帝制，最终，他与他的"洪宪帝国"一起上了历史耻辱柱。袁世凯死后，黎元洪任总统，段祺瑞出任总理，恢复《中华民国临时约法》，旧国会亦恢复。不久，黎元洪与段祺瑞就因为中国是否向德国宣战而发生争执，即"府院之争"。段祺瑞主张参战，而黎元洪及国会有所保留。后来，黎元洪免去段祺瑞总理之职，并且引督军团团长张勋入京，却致使张勋在1917年7月1日为溥仪复辟，国会亦被解散，是为"张勋复辟"。当月3日，讨逆军总司令段祺瑞发表通电，宣布讨伐张勋。12日攻入北京，赶走张勋，重新掌握北京政府大权的段祺瑞为便于独裁统治，拒绝恢复《中华民国临时约法》和被解散的国会，公开召集临时参议院。孙中山听闻"张勋复辟"的消息后，极为震怒，即偕廖仲恺、朱执信、何香凝、章太炎等人乘"海琛号"军舰从上海南下，准备在南方组织武力讨伐，但孙中山尚未到达广州，复辟丑剧即告结束。"张勋复辟"被段祺瑞镇压，黎元洪引咎辞职，总统之职由冯国璋取代。段祺瑞称事件为"再造共和"，指旧国会已被解散，原有法统亦已不再存在，公开宣称：一不要约法，二不要国会，三不要旧总统，实行"武力统一"政策，于是与梁启超等组织临时参议院，成立新政府。

在这种情况下，孙中山十分愤怒，他一直将《中华民国临时约法》当做资产阶级民主共和制度的象征，将斗争矛头直指以段祺瑞为代表的北洋军阀。17日，孙中山抵达广州，当晚发表演说，他指出：约法和国会，是共和国之命脉，如

5月4日，国会选举唐继尧、唐绍仪、孙中山、伍廷芳、林葆怿、陆荣廷、岑春煊七人为总裁，并以"政学系"头子岑春煊为主席总裁，实际上剥夺了孙中山的权力。

5月21日，孙中山不得不辞去大元帅职，黯然离开广州，前往上海，护法斗争宣告失败。临行前，孙中山发表《辞大元帅职临行通电》和《留别粤中父老昆弟书》。"临行通电"回顾了民国以来立法、毁法之经过，指出"然武力角逐，势难持久"，"即有大力者起，强能并弱，众能暴寡，悉除异己"。第二天，孙中山致函国民党缅甸支部，告知军政府改组的消息，并说明"此次辞职，不过在粤计划中挫，此后救国宗旨，决无更变"。

孙中山退居上海期间，痛感南北军阀如一丘之貉，自叹"吾三十年来精诚无间之心几为之冰消瓦解，百折不回之志几为之槁木死灰"，感叹"顾吾国之大患，莫大于武人之争雄，南与北如一丘之貉。虽号称护法之省，亦莫肯俯首于法律及民意之下"。孙中山病倒了，他躺在床上，一筹莫展。孙中山初到上海租住在环龙路六十三号，后来有四位旅美华侨看望他后凑钱购买了莫利爱路二十九号的住宅送给孙中山，孙中山百般推辞不果后搬进新居。不久后，吴玉章前来拜访，他是受广州军政府的委托专门劝孙中山回广州就任总裁一职的。吴玉章回忆他与孙中山见面时的情景，说：

> 中山先生忧伤后生病睡在床上。我就坐在他的床
> 边同他谈话，我说明了来意，又简单地谈到了国会非常
> 会议选举七总裁的经过，最后请他就职，以反对北洋军
> 阀政府。中山先生当时气愤得很，坚决不干。他说那些
> 人还革命？！他们根本不革命！他们想拿军政府同北方
> 议和以保个人权位，我决不与他们同流合污！我就劝
> 他，我说时局这样混乱，南方各省当局虽然还不很好，
> 但他们还打着护法的旗帜反对北洋军阀，这点是好的。
> 现在南方、北方都很混乱，南方各省有势力的当局虽然
> 同床异梦，各有野心，但他们还想利用革命招牌以壮声
> 势。我们必须保持一些革命势力以图发展，革命道路是
> 曲折的，我们不能脱离革命战线。南方的势力派虽然排
> 斥先生，但又不敢完全丢掉先生，他们还想利用先生的
> 威望，所以还给先生安一个位置。先生如果不同他们合
> 作，而离开了他们想自己搞革命，这是不容易的。因为
> 这会受到两面夹攻，一方面是南方军政府打击先生，另
> 一方面北方军阀更要打击先生。南方各派所以还要给先
> 生一个总裁是怕舆论攻击。先生不去，他们就有话可说
> 了。拥护先生的革命力量还是有的，如广东有陈炯明的

队伍，陕西有于右任的队伍，湖南有程潜的队伍，湖北还有一些革命力量，尤其是老同盟会员熊克武已经统一了四川，有很大的力量。这些力量都希望先生来维系他们，团结他们。南方势力派想出卖军政府与北方议和，如果先生在其中团结真正的革命力量，也能制止他们的出卖，以保存革命势力。先生不要看岑春煊现在煊赫一时，如果他不好自为之，将来他的失败比先生更凄凉得多，希望先生委曲求全保持革命的联合战线，先生如果不愿亲自前去，派一个代表去也可以。我说这番话后，他不胜感慨地流下了眼泪，随着说：我听你的话决定派汪精卫去。

此后，孙中山暂不过问时政，"谓据年来经验，知实现理想中之政治，断非其时，故拟取消极态度。将来从著述方面启发国民"。孙中山"闭门著书，不理外事"，宋庆龄陪着他，支持孙中山著书立说，寻找资料，求证史实。1917年完成了《民权初步》，1918年完成了《实业计划》，1919年完成了《孙文学说》，分别对应心理建设、物质建设和社会建设，后合并为《建国方略》出版。孙中山深感统一革命党思想理论是很困难的，提出"知难行易"学说。护法失败的革命实践，反倒让孙中山的革命理论得以检验和完善，提出更加成熟、更加符合实际的革命主张。1919年10月8日，孙中山在上海青年会举行的国庆庆祝会上发表了题为《改造中国之第一步》的演说，指出"八年以来的中华民国，政治不良到这个地位，余〔实〕因单破坏地面，没有掘起地底陈土的缘故。地底的陈土是什么？便是前清遗毒的官僚"。随后他指出前清的遗毒就是武人和官僚，陈土中还包含着政客，他呼吁到会诸君"要怀抱这精神去改造新中华民国"。

（二）改组政党

旧式革命的失败经历，让孙中山认识到中国革命路径必须有所改变。靠军阀的军事支持和松散政党的政治影响已无胜算把握，孙中山开始关注苏俄的革命经验。1918年夏，当年轻的苏维埃国家遭到国际上反动势力一致疯狂地咒骂和诋毁的时候，他以"中国南方议会"的名义，给列宁和苏俄政府写了一封贺信，热烈祝贺俄国革命成功，并表达了中国人民对苏俄人民的友好情谊和希望与俄国革命党交往的愿望。他在信中说："中国革命党对贵国革命党所进行的艰苦斗争，表示十分钦佩，并愿中俄两党团结，共同斗争。一个社会主义共和国在俄国存在八个月之久，这个事实给了东方人民以希望，一个类似的新的制度一定会在东方建立起来。"

　　在苏维埃国家处境艰难时,列宁收到孙中山的贺电,十分欣慰,他同苏俄外交人民委员契切林讨论了复函的草稿,于8月1日委托契切林复函孙中山,向孙中山致敬。复函对孙中山贺电表示感谢,并向"中国革命的领袖,自1911年以来在特殊困难条件下继续领导中国劳动群众反对奴役者——中国北方资产阶级和帝国主义政府的人——致敬"。同时,指出:由于帝国主义和俄国资产阶级的阻挠,才使俄国政府和孙中山的联系中断了几个月。他在信中热切表示,"当各帝国主义从东、西、南、北伸出贪婪的魔掌,想一手击破俄国革命并剥夺俄国工农同世界上前所未有的革命而获得的东西的时候,当外国银行家所扶植的北京政府准备同这伙强盗勾结的时候,在这个艰辛的时刻,俄国劳动阶级就向他们的中国兄弟呼吁,号召他们共同进行斗争"。这是一封可能对孙中山产生巨大鼓舞的信,然而,遗憾的是,孙中山没有收到这封信。这封信在几十年之后才被苏联方面公布出来。

　　1919年,孙中山于上海研究理论期间,五四爱国运动和新文化运动席卷全国。孙中山自然不可能置身度外。翻检这一时期孙中山的有关批示、函电和演讲文稿,可知他对五四学生运动有过热烈的赞助,对新文化运动亦有敏锐的观察。五四运动之后不久,孙中山命戴季陶、沈玄庐、孙隶三创办

《星期评论》。鉴于没有军政府没有"军"则形同虚设，他开始着手培植自己的军事力量驱逐桂系。孙中山派朱执信到漳州让陈炯明率领粤军回粤驱逐桂系。

爱国运动中，学生、工人、商人等民众纷纷组织起来，展现出巨大的政治能量，令孙中山及革命党人惊叹不已，自愧不如。虽然一些革命党人积极参与和支持五四运动，但中华革命党并没有以一个政党的姿态，对这场运动发挥领导和引导作用。

1919年6月16日，中华民国全国学生联合会，于上海先施公司东亚酒楼礼堂召开成立大会。据与会者回忆：

当1919年5月4日北京学生因反帝反卖国军阀的示威运动，我们三十一个学生和一个市民被逮捕的事件发生以后，孙中山先生是支持这个运动的，他曾经打过电报给当时的北洋军阀头子段祺瑞，要他从速释放被捕学生。由于孙中山先生和社会上其他人士的支持以及人民群众自己的团结努力，被捕学生才能够很快的出狱。这年的五六月间，各地学生代表聚集在上海组织全国学生联合会。扩大学生运动的时候，孙中山先生也是支持学生的，他曾经多次邀集我们到他的上海住宅谈过话，我个人曾经两次参加过这样的谈话。他每次都是很亲切、慈爱地帮助我们，鼓舞我们。1919年6月16日全国学生联合会成立，就在这以后不久的一天，我们邀请了孙中山先生到学生会来讲演，讲演的地址是借的上海环球学生会。孙中山先生那天为我们分析了当时的巴黎和会，讲到了俄国革命，鼓舞了我们学生。

五四之后，北京各校组织起学生会来，派遣八个代表到上海联络上海学生，运动商人罢市，工人罢工，以响应北京的号召。

为首的北大学生代表在群众大会上说："孙中山先生的革命，算不上革命，他的革命仅仅把大清门的牌匾换作中华门，这样的革命不算彻底，我们这次要作彻底的革命。"

当时孙中山先生正在上海，也参加了这次大会，他听了这段话也作热烈的鼓掌。会后，他向北大同学恳切地说："我所领导的革命，倘早有你们这样的同志参加，定能得到成功。"

孙中山对同学们抱有同情并支持他们，宋庆龄还代孙中山起草了"学生无罪"的电文给段祺瑞。他还对海外的同志说："此种新文化运动，在我国今日，诚思想界空前之大变动。……吾党欲收革命之成功，必有赖于思想之变化，兵法

'攻心'，语曰'革心'，皆此之故。故此种新文化运动，实为最有价值之事。"

在与学生联合会的接触中，孙中山发现中华革命党虽是一个有相当历史的政党，但其组织与党员之间的联络指挥，尚不如这个全国性学生组织完备和运作灵活。此事引发了孙中山的思考：如何健全党的机器，如何使党与民众结合起来？此时的孙中山，已找到了取得革命胜利的关键答案。改组政党，势在必行。

1919年10月10日，孙中山在纪念武昌首义八周年之时正式将中华革命党改名为"中国国民党"，规定"从前所有中华革命党总章及各支部通则，一律废止；所有印章图记，一律照本规约所定，改用中国国民党名义，以昭统一"。

在"国民党"前冠以"中国"二字，区别于民国初年五党合并而成的"国民党"，同时表明中国国民党直接由中华革命党而来。新党章第四条规定，"凡中华革命党党员，皆得为本党党员，以中华革命党证书，领取本党证书"。这就在组织上把中国国民党与中华革命党衔接了起来。中国国民党本部设在上海，下设总支部、支部、分部于国内及海外华侨所在地，孙中山任中国国民党总理。新组成的中国国民党，以巩固共和、实行"三民主义"为宗旨，从而改变了中

华革命党时期只实行民权、民生两主义的政纲，重新恢复了
"三民主义"，有了理论指导。

孙中山从中华革命党组织上的弊端中吸取教训，改组
为中国国民党时，他决定放弃中华革命党的秘密组织形式，
放弃党员入党时需加盖指印和宣誓服从总理等规定。在组织
建设上，改变了过去"帮会式"组织建设。同时，也考虑吸
纳广大青年学生加入其革命阵营。这样，中国国民党经过改
组，革命面貌焕然一新。

当然，在新生的中国国民党发展更多党员的同时，孙中
山领导的资产阶级革命队伍中，有一批人开始从思想上脱离
曾坚持的资产阶级革命理想，转而信仰马克思主义。同时，
他们也是在中华大地上宣传马克思主义思想的先行者，为中
国共产党的诞生播散了种子。

（三）中共建党

生机勃勃的革命土壤，与马克思主义这粒种子，开始在
中华大地孕育。1919年，受五四运动的影响，马克思主义在
中国开始广泛传播。刊登宣传马克思主义思想的报刊变得越
来越多。李大钊在《新青年》发表《我的马克思主义观》；
李达在上海《民国日报》副刊《觉悟》发表《什么叫社会

主义》《社会主义的目的》；陈独秀在《晨报》发表《告
北京劳动界》；杨匏安在《广东中华新报》发表《马克斯主
义》《社会主义》……《东方杂志》称社会主义在中国，仿
佛有"雄鸡一唱天下晓"的气势。十月革命之后的苏俄实力
虽不能和西方列强相比，但其对中国产生的政治影响却不输
于西方列强，甚至超越。自鸦片战争以来，西方列强是中国
民族主义运动所要抵制和反对的对象，也是中国现代化运动
所要学习的对象。然而，受到第一次世界大战的深刻教训和
巴黎和会拒绝中国合理要求的影响，中国的知识分子开始
对欧美资本主义的政治体制和思想文化产生怀疑，而正在此
时，苏俄政府宣布平等对待中国，废除沙皇俄国强迫中国签
订的一切不平等条约，这样的举动极大地鼓舞了中国人，知
识界更是称赞苏俄"足为世界革命史开一新纪元"，"为世
界外交上树立了未曾有的模范"，"是自有人类以来空前的
美举"，"因为这空前的事业，实在是自有国家这个东西以
来，任何民族、任何国家，所不愿做，不能做，不敢做的；
又实在是今天全世界的平民，所大家希望的"。

1920年3月，李大钊在北京大学成立了"马克思学说研
究会"。这是中国第一个学习和研究马克思主义的团体，其
成员绝大多数是北京大学的学生，主要成员有邓中夏、高君

宇、何孟雄、范鸿劫、黄日葵、李骏、朱务善、罗章龙、刘仁静、张国焘等。

1920年4月初，俄共（布）远东局海参崴分局外国处决定派遣格列高里·纳乌莫维奇·维经斯基（中文名吴廷康）到中国进行活动。维经斯基的主要任务是：在上海建立共产国际东亚书记处；与中国、日本、朝鲜的先进分子建立联系，帮助建立共产党组织；通过出版刊物、小册子和印刷传单等来宣传马克思列宁主义和俄国十月革命。

维经斯基到达北京后即会见了李大钊，当时正在北京大学读书的罗章云回忆："维经斯基来北京后，首先访问北大图书馆馆长李大钊，当时李大钊教授是公开赞扬十月革命，宣扬共产主义的代表人物，这是可以理解的。维经斯基与李大钊见面谈话后，李大钊把我们几个同学邀去（即后来的小组成员），参加座谈会。"

维经斯基谈话内容主要是宣传十月革命及马克思主义。从维经斯基的谈话中讲到十月革命后苏维埃政府实行没收地主土地，把工业、矿山、交通、银行等收归国有，实行工人管理监督，1917年12月成立国民经济最高会议等，这一切都让人耳目一新。他又介绍当前实施的军事共产主义、余粮征收政策和远东共和国等具体问题。从而，在社会主义经济、政治、军事、文化各方面都见到一个社会主义国家新轮廓。

进行几次座谈会后，维经斯基又找同志们作个别谈话。他邀约相关人员到他的寓所谈过两次。谈话是漫谈性质的，主要是了解个人学习、工作情况，自由发言，范围极为广泛。

在与李大钊进行了多次恳谈后，维经斯基表示要帮助中国的先进知识分子建立起中国共产党，他认为时机已经成熟。李大钊随即介绍维经斯基到上海和陈独秀会谈。

令维经斯基感到惊喜的是，陈独秀几乎与上海的所有团体都有联系，他将中国的政治状况和他正在开展的工人运动、学生运动的情况详细介绍给维经斯基，并且介绍了一些在上海比较活跃的政治人物给维经斯基，就此为维经斯基广泛接触中国政治人物打开了局面。

在上海还不到一个月，维经斯基就完成了共产国际执委会委托他的事情——成立共产国际东亚书记处。令他感到兴奋的是，这个机构不仅成立了起来，而且还在其中分别设立了中国科、日本科、朝鲜科。

在陈独秀的协调下，"中国科"的任务明确为：一是在学生组织以及中国沿海工业地区的工人组织中成立共产主义基层组织，在中国进行党的建设工作；二是在中国军队中开展共产主义宣传；三是对中国工会建设施加影响；四是在中国组织出版工作，宣传马克思列宁主义和十月革命。

工作进展的如此神速，维经斯基很高兴。1920年6月，维经斯基抵达上海两个月后，他在一封给上司的信中说：

……工作有些进展。现在实际上我们同中国革命运动的所有领袖都建立了联系，虽然他们在汉口、广州、南京等地尚未设代表处，但我们在那里的工作，可以通过一些朋友即当地的革命者立即得到反映。

这封信中，维经斯基对陈独秀有很高的评价。谈到计划在1920年7月召开的中国先进分子会议时，他写道：

中国革命运动最薄弱的方面就是活动分散。为了协调和集中各个组织的活动，正在着手筹备召开华北社会主义者和无政府主义者联合代表会议。当地的一位享有很高声望和有很大影响的教授（陈独秀），现写信给各个城市的革命者，以确定会议的议题以及会议的地点和时间。

谈及当时正在酝酿中的直系与皖系军阀之间的战争时，他再次提到陈独秀的看法：

当地的革命者不认为这场战争有多大意义。他们认为南方督军和北方督军一样都是很坏的政客。确实，日本在援助北方，但南方也不会拒绝这种援助。陈独秀认为，如果南方取胜，它会立即受到日本的影响，因为日本会马上开始援助取胜的南方。一句话，要利用北南之争来进行社会革命的唯一办法，是现在在双方士兵中间开展互不残杀和发动革命的宣传鼓动工作。这是一位享有声望的中国革命者的看法。

维经斯基对陈独秀的鼎力支持加快了建党的步伐。1920年6月，陈独秀、李汉俊、俞秀松、施存统、陈公培在陈独秀的寓所召开会议，筹备成立共产主义政党，党的名称初步定为"社会共产党"。会上讨论了党纲、党章，确定以劳工专政，生产合作等手段达到社会革命的目的，同时还要严格党的纪律。会议推举陈独秀为党的领导人。

关于党的名称问题，张申府回忆说："关于党的名称叫什么，是叫社会党，还是叫共产党，陈独秀自己不能决定，就写信给我，并要我告诉李守常（大钊）"，"我和守常研究，就叫共产党"。陈独秀表示同意，于是不再称"社会共产党"。

7月19日，维经斯基在上海召开"最积极的中国同志"会议，陈独秀、李汉俊、沈玄庐出席了会议，并在会上坚决主张建立"中国共产党"。这次会议为未来中国共产党的诞生奠定了基础。

1920年8月，上海共产党的早期组织成立，命名为"共产党"，成员有：陈独秀、李汉俊、沈玄庐、陈望道、俞秀松、施存统（时在日本）、杨明斋、李达。

此后，在维经斯基的帮助下，上海共产党早期组织的工作逐步开展起来。在宣传方面，开始着手翻译、出版一批宣传马克思主义和十月革命的书籍。

1920年下半年至1921年春，在陈独秀和李大钊的共同努力下，在维经斯基的帮助下，上海、北京、广州、武汉、长沙、济南以及旅日、旅法留学生中，都相应建立了中国共产党的早期组织。

1921年，维经斯基返回苏俄前建议李大钊将各地的共产主义者组织起来，建立一个统一的"中国共产党"，并加入共产国际，这样能得到共产国际的指导，得到全世界无产阶级的帮助，成为无产阶级世界革命力量的一部分。

1921年6月，马林从莫斯科来到上海。他原名亨德立克斯·斯内夫利特，荷兰鹿特丹人，后化名马林、菲力普斯、孙铎等。马林于1902年加入荷兰社会民主工党，1913年赴荷属爪哇从事革命活动。在长期的革命斗争中，他成为一名职业革命家。正是由于其丰富的革命经历，马林得以在1920年出席共产国际第二次代表大会，并当选为共产国际执委会委员。为了充分发挥马林在殖民地工作的优势，共产国际执委会决定留他在共产国际总部工作。1921年3月，马林接受了一个新的任务，研究远东各国，尤其是中国的革命运动并与中国建立联系，因此，马林来到了上海。

马林到上海后与李达、李汉俊取得了联系，在了解了当时上海和其他各地共产党早期组织的详情后，他也提出了和维经斯基一样的建议，那就是尽快统一全国的共产党早期组织。为此，李达分别写信给陈独秀和李大钊，征求他们的意见。很快，二人都回信表示赞同。于是，李达发函通知北京、武汉、长沙、济南、广东和日本的共产党早期组织，要他们分别选出两个代表到上海开会。

7月23日，中国共产党成立大会在中国最大的工业中心和工人运动中心——上海开幕，后移往浙江省嘉兴南湖的一只游船上。中共一大制定了中国共产党的第一个纲领，通过了关于中国共产党的工作决议，并选举了中国共产党的中央机关，推选陈独秀为总书记，中国共产党正式成立。

中共一大形成的《中国共产党第一个决议》明确指出："对现有其他政党，应采取独立的攻击的政策。在政治斗争中，在反对军阀主义和官僚制度的斗争中，在争取言论、出版、集会自由的斗争中，我们应始终站在完全独立的立场上，只维护无产阶级的利益，不同其他党派建立任何关系。"很显然，当时的中国共产党决定独自革命，不打算与其他党派合作。而孙中山在1920年修订的《中国国民党规约》中也规定中国国民党："党员不得兼入他党，并不得自行脱党。"

中共一大之后，先后在北京、武汉、长沙、广州、济南、上海成立了党支部。当时的各地党支部的成立几乎都是由上海发动组织起来的，事实上承担了中央的工作。广东支部以谭平山为书记，陈公博负责组织，谭植棠负责宣传，隶属中共中央局领导。

（四）北伐梦碎

孙中山有一个梦想，以他老家、有一定革命优势的广东作为根据地，通过北伐，统一全国。1920年9月，孙中山派李章达前往苏俄，代表他本人向苏俄政府提议缔结一项军事合作的协定，请求苏俄红军于1921年春进兵中国新疆、甘肃，接应并援助四川的革命党人，推动中国各地的革命党人武装起义。李章达直到次年春天才抵达莫斯科。此时的苏俄政府也在中国寻找支持者与合作者，对孙中山的建议反应比较积极，但孙中山不久后重返广州组建政府，就任非常大总统，为了争取国际社会（列强）的承认，孙中山放弃了寻求苏俄援助的想法。

1920年10月，孙中山乘各派军阀混战之时，令陈炯明率原驻福建的粤军回师广州，驱逐了桂系军阀陆荣廷，并委任陈炯明为广东省省长兼粤军总司令，统一领导广东军政事务。孙中山本人也返回广州。

1921年4月2日，国会参众两院在广州联席召开非常会议，由居正等人联名提案，将总裁合议制改为总统制，取消军政府，组织正式政府。提案获得通过。依照参、众两院新通过的中华民国政府组织大纲，选举孙中山为新的正式政府的总统。

5月4日，孙中山与唐绍仪、伍廷芳、唐继尧、刘显世联名通电，宣布军政府自即日起取消，大总统翌日就职。电谓："中华民国大总统已定五月五日就职，正式政府成立；军政府即应于是日取消，所有军政府总裁职务，自应解除。除咨明国会非常会议外，特此电闻，望为察照。"5月5日，孙中山正式就任中华民国非常大总统，发表就职宣言与对外宣言，他在就职宣言中郑重宣誓："文誓竭志尽诚以救民国，破除障碍，促成统一，巩固共和基础。凡我国人，幸共鉴之。"这一天广州全市张灯结彩，举行了盛大的庆祝活动。孙中山就任大总统后，发表对内、对外宣言，提出要"发展实业，保护平民，凡我中华民国之人民不使受生计压迫之痛苦"。对外宣称"列强及其人民依条约、契约及成例，正当取得之合法权利，当尊重之"，"抱开放门户主义，欢迎外国之资本及技术"，并请各国承认广州政府"为中华民国惟一之政府"。紧接着，孙中山于28日令陈炯明、许崇智、黄大伟、李烈钧等分路讨伐广西陆荣廷，准备统一两广，以两广为根据地北伐。

7月21日，粤军攻占广西贵县。桂军将领秦步衢在桂林宣布独立，陆荣廷通电辞职，谭浩明逃走。8月2日，粤军克复广西柳州。4日，粤军占领南宁，陆荣廷等逃往龙州。陈炯明率军入南宁。至此，广西已基本处于广州政府的控制之下。

9月4日，蒋介石从上海抵达广州与孙中山、许崇智商议北伐日期。17日，蒋介石抵达广西南宁与陈炯明商议北伐事宜，

1923年孙中山、蒋介石在广州车站合影

得知陈炯明无意北伐，蒋介石含怒而出，返回广州，向孙中山报告，并与胡汉民、汪精卫、邓仲元开会秘密商议，决定第二年取道湖南北伐，并定下出发日期。

1921年10月，国会非常会议通过了孙中山提出的北伐议案，在做北伐准备期间，孙中山曾多次与陈炯明商谈北伐事宜，向其说明北伐的重要意义，希望不要错过时机。但陈炯明仍然主张先定省宪，循序渐进地推进统一，并表明现在兵疲将惫，囊空如洗，根本不可能远征北方。10月12日，孙中山致电陈炯明催付北伐费400万元，陈电复只允付200万元，而且还要等到北伐军出发后再交。孙中山得电后极为愤怒，后来又多次电召陈炯明回广东，但陈一拖再拖，拒不回粤。10月23日，孙中山催促陈炯明出兵北伐，陈炯明还是表示不能立即出兵，需要半年的准备时间，于是孙中山在赴桂林之前先折往南宁与陈炯明相见，再次与陈炯明商讨北伐问题，孙中山说："吾北伐而胜。在事势上固不能回两广。北伐而败。且尤无颜再回两广。两广请兄主持。但勿阻吾北伐。及切实接济饷械而已。"陈炯明当时表示赞同，但实际上对于筹拨北伐军费的态度仍然很冷淡。甚至与直系军阀建立联系，还派人暗杀了粤军参谋长邓仲元。

1922年4月16日，孙中山到梧州约陈炯明面谈，陈炯明未到。19日，孙中山免去陈炯明粤军总司令和广东省长的职务。陈炯明当晚离开广州并带走亲信部队。此时北方的直、奉开战，孙中山发布总攻击令，北伐进行十分顺利。

1922年6月，陈炯明先囚禁了廖仲恺，16日突然发动兵变。当时曾有军官向孙中山报告当天晚上军队可能有不轨行为，请他先行离府，孙中山没有在意。不一会，孙中山的秘书亲自报告此事，孙中山的左右见形势危急，强挽他的手臂，带他离开了总统府。其间遇到叛军，孙中山化装成中医，随后到达海珠海军总司令部，登上永丰舰。16日凌晨，陈炯明派人炮轰观音山总统府，总统府上的卫士与叛军开火，宋庆龄冒着枪林弹雨在卫兵的护卫下假扮成村妇历经艰险，在途中流产，失去了她与孙中山唯一的孩子。在这场战乱中，孙中山的一大批手稿和书籍遗失，包括1922年与列宁来往的信件。次日孙中山指挥革命军与叛军交战，密令李烈钧、朱培德、许崇智回粤平乱，李烈钧的部队因攻打受阻而退回江西，六舰中有三舰叛逃。孙中山进退两难，陈炯明假意求和，孙中山说："陈炯明对我，只可言悔过自首，不能言求和。"其间，外交总长兼广东省长伍廷芳忧劳致死，孙中山感慨地说："陈逆叛乱，祸国殃民，伍总长忧劳过度，遂至不起，我们后死者自应同心戮力，戡平叛乱，然后可以慰伍总长之英灵，完成革命大业。"经过一段时间的抵抗，即使是大总统在舰上亲自指挥也回天乏力，孙中山被迫回到上海。孙中山去上海前留下四个小箱子给一个随员带去香港，里面有三民主义草稿、信件和旧浴衣，还有广州毫洋四封（银元40）。孙中山刚刚建立起来的广东根据地毁于一旦，北伐梦碎。孙中山对此次事件耿耿于怀，在《致国民党员书》中说，"文率同志为民国而奋斗垂三十年，中间出死入生，失败之数不可偻指，顾失败之惨酷未有甚于此役者。盖历次失败虽原因不一，而其究竟则为失败于敌人。此役则敌人已为我屈，所代敌人而兴者，乃为十余年卵翼之陈炯明，且其阴毒凶狠，凡敌人不忍为者，皆为之而无恤"。心愿未遂，孙中山痛心疾首，望再次寻求苏俄援助，蒋介石等一些党内人员也主张联俄。正好不久后，孙中山收到了一封来自越飞的信，越飞是苏俄新任的驻华全权外交代表，他在信中表示希望和孙中山建立密切关系，并探询了孙中山对与张作霖的关系等问题的态度，但因苏俄方面希望孙中山改变联张反吴的策略，而孙中山不为所动，未能进一步合作。

用一个军阀去打倒另一军阀，依靠军阀及帝国主义支持去完成北伐，自然没有结果。这也是为什么每次北伐都失败的根本原因。因而，要想取得北伐胜利，必须改变依靠力量，联合进步革命力量，发动广大人民群众，这才是革命取得胜利的根本保证。

（五）联俄联共

在孙中山眼里，帝国主义支持是北伐胜利的保证，因而，在联盟苏俄方面一直犹豫不决。1921年12月，共产国际代表马林来到了桂林，并于次年1月和孙中山在广州会晤。孙中山担心过早与苏俄结盟会遭致列强的干预，他明确提出暂时不能与苏俄公开结盟，只能进行道义上的合作。他担心英国知道他联俄，会影响北伐，但联共可以实现间接联俄。马林在桂林与孙中山见面时，曾提出国共合作的问题。孙中山说，"我们革命党人相互同情革命，但革命的主义各国不同，苏俄实行共产主义而中国断不能实行"，并表示不同意马林的意见，但是，从马林之后的一些行动推断，当时孙中山可能提到过共产党要革命则共产党员应加入国民党这样的话。马林会见孙中山回到上海后，就提出了关于中国共产党员参加国民党来进行合作的主张，遭到中共干部的强烈反对。陈独秀认为，国民党虽然号称有30万名党员，但已毫无生气，更无严密的组织纪律。共产党是无产阶级的政党，要独立进行工人运动，不能与国民党搞什么合作。张国焘和李达也表示不同意马林的提议，这样的结果使马林很失望，不久，他就离开上海返回莫斯科，寻求共产国际的支持。

在与马林就国共合作问题产生分歧后，陈独秀想到了维经斯基，他认为，既然马林无法接受中共干部们的意见，那么也可以通过维经斯基来向共产国际反映情况。于是，1922年4月6日，陈独秀给维经斯基写了一封信：

兹特启者，马林君提议中国共产党及社会主义青年团均加入国民党，余等则持反对之理由如左：

（一）共产党与国民党革命之宗旨及所据之基础不同。

（二）国民党联美国、联张作霖段祺瑞等政策和共产主义太不相容。

（三）国民党未曾发表党纲，在广东以外之各省人民视之，仍是一争权夺利之政党，共产党倘加入该党，则在社会上信仰全失（尤其是青年社会），永无发展之机会。

（四）广东实力派之陈炯明，名为国民党，实则反对孙逸仙派甚烈，我们倘加入国民党，立即受陈派之敌视，即在广东亦不能活动。

（五）国民党孙逸仙派向来对于新加入之分子，绝对不能容纳其意见及假以权柄。

（六）广东北京上海长沙武昌各区同志对于加入国民党一事，均已开会议决绝对不赞成，在事实上亦已无加入之可能。

第三国际倘议及此事，请先生代陈上列六条意见为荷。

1922年4月至6月，孙中山与共产国际全权代表达林有过多次会谈，他说："请你不要忘记了，香港就在旁边，如果我现在承认苏俄，英国人将采取行动反对我。"同时他也担心国民党内部有亲英美和反苏俄的人。此时孙中山正经历着陈炯明的背叛，达林临行，孙中山派陈友仁交给了他一封信，这封信是写给苏俄外交人民委员齐契林的，这封信"用的是一张从学生练习本上撕下的四裁的纸"，这封信预示着孙中山去苏俄态度的转变，对苏俄的信任。信的内容如下：

尊敬的齐契林：

谨以此短简答复您托达林转交给我的信。我正经受着陈炯明——一个完全受恩于我的人——所造成的最严重的危机。达林将会转告您，在某种情况下我打算怎样做。想您和列宁。

致敬！

孙逸仙谨启

　　早期中国共产党在广东就有相当影响力。20世纪20年代初，广州已经成立了"广东共产党"组织，这个组织是俄国人米诺尔、别斯林与社会主义者同盟的成员黄凌霜、梁冰弦、区声白等人成立的。但实际上这个组织内部成员复杂，有信仰共产主义的，也有信仰无政府主义的。1920年12月，陈独秀受陈炯明之邀，任广东教育委员会委员长。陈独秀、谭平山、陈公博、谭植棠等信仰马克思主义，他们以《广东群报》为阵地，宣扬马克思主义，与无政府主义等思潮作斗争。共产国际代表维经斯基也来到广州，维经斯基态度强硬，主张和无政府主义者划清界限，在广州亲自主持了"分流"会议，迫使无政府主义者退出"广东共产党"。1921年8月，中国共产党在上海成立了中国劳动组合书记部，下设几个分部，广东分部设在广州，谭平山任主任。谭平山等共产党人领导工人，同黄色工会（指被资产阶级或其政府收买的工会，主张工人阶级与资产阶级实行"阶级合作"）展开斗争，也发动了几次小规模罢工，逐渐在群众中树立了威信。1922年1月12日至3月8日，广东分部参与领导香港海员罢工，影响颇大，"当时北方的铁路工人组织与南方的海员工人组织遥相呼应，使我们党的局面焕然一新，使我们的党由书院式的纸上谈兵，进而为深入群众，领导工人，开始与封建军阀、买办资产阶级、黄色工会的工贼以及一切反动派作无情的斗争"。中共在广州和香港工人中"声望也在急剧地增加"，广州的党组织在斗争中也壮大了，杨貌安、杨殷、阮啸仙等中国共产党早期著名的领导人也在这一时期被吸收入党。1922年5月1日，广州召开了第一次全国劳动大会，并举行了"五一"劳动节的庆祝活动。"入夜，游行变成了狂欢，几乎通宵达旦。与1921年不同，当时广州五一庆祝活动是在国民党的领导下进行的，并有店主们参加。而这一次游行是纯粹无产阶级性质的，特别是在共产党的领导下进行的。"由此可见，中国共产党在广州的影响力之大，在某些方面甚至超过了国民党。

为了促成国共两党的合作，苏联一方面运用共产国际组织力量向反对与国民党合作的中国共产党人施压，一直到共产国际代表马林在广州与中国共产党的主要负责人召开会议时，中共关于拒绝和国民党合作的态度才开始逐步发生转变。另一方面，苏联数次派出代表与孙中山联系，希望加深孙中山对苏联的了解，同时进一步介绍苏联的主张。马林先后三次造访孙中山，他建议孙中山对国民党进行改组，和社会各阶层，尤其是工农大众联合起来，与中国共产党建立合作关系。

1922年春，出席远东大会的中共代表陆续回国，他们带回了远东会议的许多文件，并向中共中央领导人和上海等地的共产党员报告了远东大会的情况和会议精神，代表团团长张国焘还专门写了一个详细报告提交中共中央。根据张国焘的回忆录，作为无产阶级革命家的列宁曾亲自过问国共合作问题："张秋白首先要列宁对中国革命作一指教。列宁很直率地表示，他对中国的情形知道得很少，只知道孙中山先生是中国的革命领袖，但也不了解孙先生在这些年来做了些什么，因此不能随便发表意见。他转而询问张秋白，中国国民党和中国共产党是否可以合作。张秋白并未多加说明即作肯定表示：国共两党一定可以很好地合作。列宁旋即以同样的问题问我，并希望我能告诉他一些有关中国的情形。我简单地告诉他，在中国民族和民主的革命中，国共两党应当密切合作，而且可以合作；又指出在两党合作的进程中可能发生若干困难，不过这些困难相信是可以克服的；中国共产党成立不久，正在学习着进行各项工作，当努力促进各反帝国主义的革命势力的团结。列宁对于我的回答，似乎很满意，并没有继续问下去。"

陈独秀等共产党人通过研究此次会议的相关文件和听代

表们的解说，对于国共合作的意义有了更深层次的认识。

4月，共产国际再次派苏俄正式全权代表会见孙中山，这次派出的代表是达林，他曾与陈独秀等人接触过，这次会见孙中山，他还说服陈独秀指派共产党员张太雷和瞿秋白共同前往。通过这次会见，达林坚信与孙中山建立联盟是正确的，并决心说服陈独秀等人。

4月下旬，陈独秀、张国焘等人前往广州，以中共中央领导人的身份参加了第一次全国劳动大会和社会主义青年团第一次全国代表大会。达林把与孙中山会见的情况告诉了陈独秀，并建议召开会议讨论与国民党合作的问题，通过此次会议中共关于拒绝和国民党合作的态度开始逐渐转变。

6月15日，由陈独秀起草的《中国共产党对于时局的主张》正式发布，该主张表达了中国共产党与民主派合作的愿望：

> 中国共产党是无产阶级的先锋军，为无产阶级奋斗，和为无产阶级革命的党。但是在无产阶级未能获得政权以前，依中国政治经济的现状，依历史进化的过程，无产阶级在目前最切要的工作，还应该联络民主派共同对封建式的军阀革命，以达到军阀覆灭能够建设民主政治为止。

1922年6月16日，国民党内发生了一件大事，陈炯明背叛孙中山，其所部炮轰总统府，孙中山被迫离开广州，漂流于海上，后听闻北伐军也作战失利退至江西、湖南边境，于是退居上海。然而，让陈独秀感到尴尬的是，中共广东区委对陈炯明颇为偏袒。7月初，中共广东区委负责人就收到了中共中央的来信，信中，中共中央严厉谴责了他们对陈炯明的态度，并对陈公博、谭植棠二人发出严重警告。出乎意料的是，中共广东区委对中央的指示置若罔闻。经中央讨论，决定撤销广东区委书记谭平山的职务，并将其调离广东；开除谭植棠的党籍，对陈公博予以严重警告处分。

1922年7月，共产国际任命马林为驻中国南方代表，同时，明确指示要求中国共产党在南方和国民党展开合作。7月中旬，中国共产党第二次全国代表大会召开，会议通过了提出与国民党建立"党外合作"的决议案《关于"民主的联合战线"的议决案》。8月12日，马林来到上海准备做陈独秀等人的工作，正好孙中山因陈炯明兵变退居上海，此时马林向他转达共产国际决定中共党员加入国民党时，孙中山欣然赞成。22日，马林向李大钊、陈独秀等中共中央委员传达了共产国际的指示。23日，李大钊在林伯渠的陪同下专程从北京到上海拜访孙中山，孙中山跟李大钊说，"你尽管一面作第三国际党员，一面加入本党帮助我"。1928年8月28日至30日，中共中央在杭州举行了西湖特别会议，会议围绕共产国际的指示"中国共产党以个人身份加入国民党"展开。为了推动革命统一战线的建立，会议决定以孙中山按照民主原则改组国民党为前提，中国共产党员、青年团员可以以个人名义加入中国国民党，"党内合作"成为两党的合作方式，至此，共产国际决定的"党内合作"才基本被大多数中国共产党人所接受。西湖会议后，陈独秀、李大钊和马林一起去拜访退居上海的孙中山。李大钊还多次与孙中山讨论振兴国民党以振兴中国的种种问题，两人畅谈不倦，几近废寝忘食。

9月初，陈独秀、李大钊等一批中国共产党领导人经张继介绍，并由孙中山"亲自主盟"率先加入了中国国民党。

陈炯明兵变后封闭了《新青年》，禁止共产党的活动和宣传，中共在广州的活动被迫中断了八个月。直到1922年冬，滇桂军东行赶走陈炯明，孙中山在广州重建大元帅府，再次执掌广州政权后，中国共产党在广州的活动才重新活跃起来。并按照共产国际的指示，将中央驻地迁往广州。

1923年1月4日，俄共中央政治局决议，采纳越飞关于全力支持国民党的建议。1月12日，共产国际执委会通过了由拉狄克起草、马林和维经斯基修改的决议，名为《关于中国共产党与国民党关系问题的决议》。此时苏俄特使越飞来到中国，与孙中山频繁通信。孙中山表示了对苏俄外交政策的不满："闻苏俄有意与吴佩孚军阀集团进行联盟，使从东北驱除张作霖，不解苏俄政府何以不待南方护法政府取得北京后再协商中苏关系正常化问题。"1923年1月18日，越飞带领秘书翻译前往上海莫里哀路29号（今香山路7号）看望孙中山。这是两人的第一次见面，相见如故，孙中山为此深受感动，再一次体会到苏联政府的真诚。1月20日，越飞再次拜访孙中山，孙中山希望苏联能给他一些经济援助，并派遣专家，越飞对孙中山改组政党提出了意见。1月23日，越飞在上海大东饭店宴请孙中山。1月26日，在上海发表了《孙文越飞联合宣言》。孙中山同意维持中东路现状和苏军暂时驻扎外蒙古，越飞则承诺孙中山"可以俄国援助为依赖"，并保证"共产组织，甚至苏维埃制度，事实上均不能引用于中国"。《孙文越飞联合宣言》的发表，不仅是孙中山联俄政策正式确立的标志，还扫清了双方合作的障碍。此后，国民党收到了大规模的，来自共产国际和苏俄的援助。孙中山亦下定了最后决心，决定以俄为师，改组国民党。

为了帮助国民党改组，长期活跃在中国并对国民党现存问题有较深刻认识的共产国际代表马林与中共领导人陈独秀在广州反复交流，并多次与孙中山讨论，最终在1923年5月提出了国民党改组计划。这个改组计划是国民党联俄联共前提，也体现出国民党联俄联共的诚意。中国共产党为此也专门召开全国代表大会决议国共合作事宜。

（六）中共三大

1923年6月12日至20日，在广州东山恤孤院后街31号（今恤孤院路3号）举行了中国共产党第三次全国代表大会。出席的代表30多人，代表当时全国420名党员。"这次大会代表的组成，具有相当的广泛性，其中以铁路和矿山工人运动中涌现的新人物占相当大的比重。这是前两次大会所未有的。"中共广东区委的党员罗绮园担任大会记录员，刘仁静以中共出席共产国际四大代表的身份参加会议，共产国际代表马林也参加了会议。

会议的中心议题是讨论国共合作、建立革命统一战线的问题。

首先，陈独秀代表第二届中央执行委员作了报告。陈独秀回顾了一年来二届中央的工作，并特别提到二届中央委员决定加入国民党的过程：

中共三大会址

我们接到了共产国际关于加入国民党的指示，在第二次党代表会议以后，我们不能够很快地再召开代表会议来讨论这个问题，所以中央委员会和共产国际执行委员会的代表一起讨论了这个问题（指西湖会议）。起初，大多数人都反对加入国民党，可是共产国际执行委员会的代表说服了与会的人，我们决定劝说全体党员加入国民党。

陈独秀对一年来的工作失误作了检讨与公开自我批评。陈独秀报告之后，马林做了补充发言，认为陈独秀的报告过分悲观，党的工作是"有成绩的"。马林还指出，"知识分子和工人在党内必须很紧密地结合起来"。大会还听取了陈独秀《中国时局和国际政治形势》报告。各地区代表分别报告了本地区党的工作：谭平山作了《粤区工作报告》，毛泽东作了《湘区工作报告》，李大钊作了《北京区工作报告》，徐梅坤作了《上海区工作报告》，林育南作了《武汉区工作报告》。另外，瞿秋白传达了共产国际第四次会议精神，马林还作了《国际工人运动与国际形势》报告；陈潭秋作了《二七罢工报告》，孙云鹏在会上派发了《京汉工人流血记》的小册子。

在会上，代表们对于国共合作进行了激烈的讨论，代表们自由发言、各抒己见，"斗争最激烈时，毛泽东还站起来发言"，蔡和森、向警予夫妻"散会后回到住处争论得相当厉害"。总体来看，围绕国共合作问题，反对派以张国焘、蔡和森为首，赞成派以马林、瞿秋白、张太雷为代表，而陈独秀则大体上采取了"调和立场"，他认为"我们的党员不多，力量不强，工人没有文化，觉悟不高，不懂革命，也没有革命理论……"，主张接受共产国际的训令，只对马林的解释作轻微的修正。

辩论持续了将近一个星期，马林最后也参加了辩论，强调了"全体党员加入国民党"，"一切工作归国民党"；是否接受中共党员全体加入国民党，这是"大会是否接受共产国际训令，抑或准备违反的证明"等观点。

中共三大通过了一个宣言：《中国共产党第三次全国代

表大会宣言》；通过了三个组织法案：《中国共产党党纲草案》《中国共产党第一次修正章程》《中国共产党中央执行委员会组织法》；通过了多个文件，包括《关于国民运动及国民党问题的议决案》《劳动运动决议案》《农民问题决议案》《青年运动决议案》《妇女运动决议案》《关于党员入政界的决议案》《关于第三国际第四次大会决议案》《中国共产党第三次代表大会关于日本进行逮捕的决议》《中国共产党第三次代表大会关于爪哇进行逮捕的决议》。其中，最重要的一个是《关于国民运动及国民党问题的决议案》，此决议案从分析中国的国情入手，从理论上回答了"中国共产党党员为什么要加入国民党，与国民党一起开展国民革命"的问题，肯定了加入国民党后中国共产党仍须保持自己政治、组织、思想等方面的独立性。会议结束后，代表们陆续返回自己的岗位。留在广州的陈独秀、李大钊、毛泽东等共产党人与廖仲恺等国民党人进行了多次会谈，以促进国共合作早日实现。

（七）国共携手

陈独秀与马林帮助国民党进行改组，但一切并没有那么顺利。马林和陈独秀的国民党改组计划涉及国民党从高层到基层的组织设计，确立了从中央到地方的整套组织体制，对松散的国民党组织来说可以说是一剂良药，但由于马林和陈独秀经常对国民党进行公开批评，他们批评国民党只注重军事工作，不注重宣传和动员民众，而且对帝国主义存有幻想。他们直言不讳地告诫说：

中国国民党应该是国民革命之中心势力，更应该立在国民革命之领袖地位；不幸中国国民党常有两个错误的观念：

（一）希望帝国主义的列强援助中国国民革命，这种求救于敌的办法，不但失了国民革命领袖的面目，而且引导国民依赖外力，减杀国民独立自信之精神；

（二）集中全力于军事行动，忽视了对于民众的政治宣传。因此，中国国民党不但会失去政治上领袖的地位，而且一个国民革命党不得全国民众的同情，是永远不能单靠军事行动可以成功的。

港英当局将陈独秀等人的公开批评作为挑拨国共关系的把柄。香港报纸发文称，中国共产党在广州公开发表有煽动性的宣言和主张，这将引起列强的干预，希望孙中山能禁止这类挑衅性的出版物在广州印制。

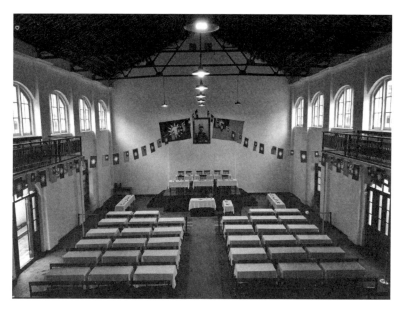

国民党一大旧址

本就对公开批评带着抵触情绪的国民党高层以及孙中山更加恼火了，改组一度陷入停滞。孙中山屡次向国际代表说："共产党既加入国民党，便应服从党纪，不应该公开的批评国民党，共产党若不服从国民党，我便要开除他们；苏俄若袒护中国共产党，我便要反对苏俄。"

在这种情况下，马林离开中国，鲍罗廷被共产国际派往广州。鲍罗廷对陈独秀、马林的改组方案进行了修改完善，同时采取了灵活的工作方法，鲍罗廷利用孙中山为他举行的几次欢迎宴会，讲演了俄国革命历史、俄国革命胜利之原因、俄国军队政治工作制度，并且与孙中山进行了

1923年10月25日国民党改组特别会议与会者合影

多次沟通，孙中山逐渐发现列宁主义政党组织体制上的优势。在鲍罗廷的主持下，国民党改组工作终于顺利有效地开展起来。

10月19日，孙中山正式委任廖仲恺、汪精卫、张继、戴季陶、李大钊五人为国民党改组委员。10月24日，在广州召开了一百余人参加的改组特别会议。这次会议对国民党的改组具有非常重要的意义。28日，国民党临时中央执行委员会正式成立，孙中山指定廖仲恺、谭平山等九人为中国国民党临时中央执行委员，汪精卫、李大钊等五人为候补执行委员，组成国民党临时中央执行委员会，聘请苏联政府代表鲍罗廷为顾问，办理改组事宜。会上讨论了改组计划和改组纲要，大体把新的国民党组织体系和轮廓描绘了出来。中国共产党于11月24日在上海召开了三届一中全会。会议决定进一步促进国民党的改组，在全国扩大国民党组织，以改组和改造国民党为首要工作，把国民党改造成为工人、农民、小资产阶级、民族资产阶级的革命联盟。凡有国民党组织的地方，中国共产党党员、社会主义青年团团员"一并加入"；凡国民党无组织的地方，中国共产党则为之建立。并决定中国共产党要通过党团性质的秘密小组在国民党内贯彻中国共产党的纲领和政策，共产党员"须努力站在国民党中心地位"。12月25日，中共中央发出《中央通告第十三号》，要求全体党员积极帮助国民党改组，并向各地党组织部署参加改组工作的具体步骤，以促进国民党第一次全国代表大会的召开。

改组工作开始进行试点，主要在广州和上海两地进行。据鲍罗廷当时的报告，广州的共产党员为国民党的"试点改组"做了大量工作。上海方面，中共成立了一个常设委员会，委员会是为帮助国民党改组而设立的，其中包括党、团中央及其他地方组织的代表，一共10人。

经试点，孙中山很满意，于1923年11月25日发表《中国国民党改组宣言》，正式向外宣布国民党改组的目的和意义，同时公布了党纲和党章草案。

经过两个多月的筹备和试点，1924年1月20日至30日，中国国民党第一次全国代表大会在广州举行。大会海内外代表共196人，到会165人。其中，共产党员代表有23人，其中7人是由孙中山指定的，即陈独秀、李大钊、谭平山、于树德、李永声、沈定一、谢晋；另外16人是由各省市国民党组织分别选举产生的。他们是：林伯渠、毛泽东、李维汉、夏曦、袁达时、张国焘、胡公冕、宣

国民党一大时
李大钊（左一）、
孙中山（左二）

中华、廖乾五、朱季悔、韩麟符、于方舟、王尽美、刘伯垂、李立三、陈镜湖。

国民党一大着重讨论并通过了两个关键性，同时也是基础性的文件：一是大会宣言，二是国民党新党章。孙中山视大会宣言为大会的"精神生命"。宣言草案由鲍罗廷和胡汉民、廖仲恺、汪精卫等人共同起草。宣言对孙中山的三民主义作了新的解释，民族主义主张"一则中国民族自求解放"，即反对帝国主义，"二则中国境内各民族一律平等"，即废除国内的民族压迫；民权主义主张"把政权放在人民掌握之中"，实行民主政治；民生主义主张平均地权，节制资本，反对"土地权之为少数人所操纵"，反对私有资

本"操纵国计民生",而解释的依据则是共产国际执委会主席团于1923年11月28日通过的《共产国际执行委员会主席团关于中国民族解放运动和国民党问题的决议》。会后,国民党的基本政策确立为联俄、联共、扶助农工三大政策,同时,这也是第一次国共合作的政治基础,是第一次国共合作统一战线正式形成的标志。

大会选举出中国国民党中央执行委员会,共产党员李大钊、谭平山、毛泽东、林祖涵、瞿秋白等10人当选为国民党中央执行委员或候补执行委员,约占委员总数的四分之一,多名共产党员在国民党中央党部担任重要职务:组织部部长谭平山,农民部部长林祖涵,宣传部代理部长毛泽东等,国共合作的体制逐渐建立。

(八)共创局面

在广州,国共合作正积极进行。1924年2月21日,原中共广东区党、团领导人组成的粤区国民运动委员会改组,设立最高执行委员会,委员有谭平山、冯菊坡、阮啸仙、张善铭、刘尔崧、沈厚堃、郭瘦真等,以郭瘦真、刘尔崧、沈厚堃为秘书。23日,粤区国民运动委员会发出通告,要求同志们高度重视国共合作:"我们加入国民党与国民党联合战线，固然是我们团体的意思，也是进化路上步骤的必然，但同志中仍有不甚了了，以致轻忽与国民党联合战线的工作（国民革命运动），这实在错误。我们深察现在世界局势与半殖民地的中国情形，此时欲救中国，非国民革命不可……故国民革命运动的工作，就是我们团体的工作。"

这一年，在国民党积极进行改组的同时，还开启了建军时代，其标志就是5月份黄埔军校的创立。黄埔军校是第一次国共合作时期，孙中山在苏联和中国共产党的支持下所创立的，为国共两党培养了大批政治、军事干部。

实际上早在1921年12月马林于桂林会见孙中山时，马林就建议孙中山创立军校。1923年2月，廖仲恺与苏俄政府代表越飞会谈时双方协商了在苏援下建立军校。1923年9至12月蒋介石赴苏考察期间，对苏联红军的各种类型的军事院校进行了参观，并进一步了解学习相关军事干部培养的经验，双方还协商过在库伦以南邻近蒙中边界组建一支军队的问题。在苏联的支持下，广州当局将建立军校逐步提上了日程。1923年10月15日孙中山在国民党召开的恳亲大会提出"设陆军讲武堂于广州，训练海外本党回国之青年子弟，俾成军事人才，拥护共和案"，国民党党务讨论会议决定设陆军讲武堂于广州。11月26日，孙中山亲自主持国民党临时中

黄埔军校开学典礼

央执委会第十次会议，审议建立讲武堂的提案，决定将学校命名为"中国国民党陆军军官学校"，拟由蒋介石任校长，廖仲恺为政治部主任，并负责军校筹备工作，校址拟设黄埔，招生对象定为具有中学文化程度、立志献身国民革命事业的海内外青年。

1924年1月国民党中央执行委员会议决建立国民党陆军军官学校。1月24日，中国国民党第一次全国代表大会决定成立"中国国民党陆军军官学校筹备委员会"，任命蒋介石为筹备委员长，学校校名为"陆军军官学校"，校址确定在广州黄埔长洲岛原广东陆军学校旧址。第一次国共合作时期军校办学一至六期，因地点在黄埔，又常被称为黄埔军校。

黄埔军校的建立意味着国民党纠正了过去依靠与军阀结成联盟，而没有自己军队进行革命的错误，表明他们认识到了组织自己革命军队的重要意义。

黄埔军校开学典礼上，孙中山与蒋介石等合影

在黄埔军校创建过程中，中国共产党积极调动各地党组织的力量，大力支持黄埔军校的创建。为了推荐最优秀的学生进军校学习，中国共产党向各地党组织发出通知，要求选派有一定文化知识素养的优秀共产党员、青年团员和进步青年报考军校。各地党组织遵照中共中央的指示，积极动员先进分子投考军校。这样，在黄埔军校的第一批学生中，就有共产党员30多人，其中有曹渊、蒋先云、许继慎、金佛庄、徐象谦（向前）、王尔琢、茅延祯、王逸常等人。

黄埔军校开学的日期选在6月16日，正是两年前陈炯明叛变的日子，显然别有深意。孙中山在开学典礼上发表了长达一个半小时的演说，以示对黄埔军校给予厚望：

1924年6月16日孙中山与蒋介石

> 我们今天要开这个学校，是有什么希望呢？就是要从今天起，把革命的事业重新来创造，要用这个学校内的学生做根本，成立革命军。诸位学生就是将来革命军的骨干。有了这种好骨干，成了革命军，我们的革命事业，便可以成功。如果没有革命军，中国的革命永远还是要失败。所以，今天在这地开这个军官学校，独一无二的希望，就是创造革命军，来挽救中国的危亡。

孙中山亲自为黄埔军校拟定的办学宗旨是"创造革命军，来挽救中国的危亡"。军校以孙中山为总理，蒋介石为校长，廖仲恺为党代表，李济深为副校长。军校还聘请了大批苏联顾问，如鲍罗廷、加伦、巴甫洛夫、切列潘诺夫等，他们组成了顾问团，主要负责军事教材的翻译、改编和军事训练。

黄埔军校组织系统如图所示：

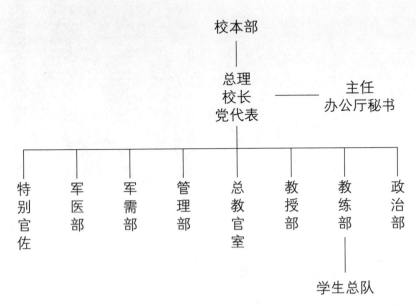

校本部

总理
校长
党代表 ——— 主任
办公厅秘书

特别官佐　军医部　军需部　管理部　总教官室　教授部　教练部　政治部

学生总队

黄埔军校组织系统图（资料来源：《中央陆军军官学校史稿》1936年铅印版）

这所军校完全是仿效苏联的军校建立的，原则是以党治军。因为黄埔军校是国共合作的产物，建校之初，国共均有党员入学。学员一入校，就填写表格，集体加入国民党。在黄埔军校，国民党设立了直属党中央执行委员会领导的特别党部。同时，也有相当部分学员是中共党员或共青团员，周恩来曾回忆说，（从黄埔一期来看）"当时黄埔军校有六百学生，大部分是我党从各省秘密活动来的

"左"倾青年，其中党、团员五六十人，占学生的十分之
一"。校内还允许跨党，故当时有些学员兼两个党派身
份。周恩来担任黄埔军校政治部主任后，着手建立了中共
黄埔军校支部，以蒋先云为书记。国共两党遂在黄埔军校
内均有了组织。

在国共两党共同的策划与领导下，工人运动也波澜壮
阔地发展起来，广州工人纷纷冲破黄色工会和传统行会的
束缚，组成了以共产党员为核心的70多个工会，如铁路
工会、海员工会、起落货工会、轮渡工会、酒楼茶室工会
等。在这种情况下，成立左派的广州工人代表会时机已经
成熟。

1924年5月1日，70多个进步工会的1000多名代表齐聚
大元帅府前，由孙中山接见。孙中山发表"中国工人所受
不平等条约之害"演讲，要求工人们必须组织起来，学习
苏俄工人，为取消不平等条约、打倒帝国主义、实行革命
的三民主义而奋斗。当天下午，广州工人代表会在教育会
礼堂正式成立，选出刘尔崧、鲍武、周祯等五人为常务委
员，共有17个工会代表被选为执行委员。会址和工人部一
起设在惠州会馆，经费由工人部拨给，真正体现了国共合
作的精神。广州工人代表会发展最多时有107个工会组织，

会员10万多人。

在国共两党合作前，农民运动受到各地政府的压制，处于秘密发展状态，而随着国共两党的合作，农民运动迅速发展，但在当时，农民运动的干部很缺乏，领导了海陆丰地区农民运动的彭湃在实践中认识到了培养农民干部的重要性，首先正式提出开办"农讲所"，这个建议得到了谭平山和廖仲恺的支持。为了适应蓬勃发展的农民革命运动形势，培养大批农民革命运动干部，1924年7月，国民党中央执行委员会决定组织广州农民运动讲习所。彭湃任主任，主持开展工作。当时农讲所的师资力量很强，有彭湃、阮啸仙、罗绮园、谭植棠、谭平山、毛泽东、周恩来、恽代英、李立三、萧楚女等众多中共早期的理论家、宣传家，共产国际政治顾问鲍罗廷、军事顾问加伦等人都曾在农讲所上课，国民党方面，孙中山、廖仲恺等人也曾到农讲所发表演讲，对农讲所的工作非常关心。农讲所共举办了六期，培养毕业生772名，旁听生25名。一、二期所址在越秀南路惠州会馆，三、四、五期在原东皋大道1号。1926年3月，第六期迁到番禺学宫（今中山四路42号）。彭湃、罗绮园、阮啸仙、谭植棠、毛泽东五人先后担任主任或所长职务。学员毕业后奔赴各地参加革命，为中国革命做出了自己的贡献。

广州农民运动讲习所学员在进行军事训练

　　在国共两党的合作之下，革命队伍也得到蓬勃发展。在这一年，黄埔军校学生军也在战场上经历洗礼。1924年10月，广州商团叛乱。广州商团成立于1912年，是广州商民维持社会治安、保护商家生命财产安全的自卫武装。1919年，汇丰银行广州分行买办陈廉伯（后入英籍）接任商团会长，此后广州商团不断扩充实力。商团还与陈炯明暗中联系，与英国人相互勾结。英国人还对陈廉伯说："汝果能运动商团，反对广州之政府，英国愿助君组织商人政府，君即为中国之华盛顿。"有了英国人撑腰，陈廉伯的野心膨胀。1924年8月初，陈廉伯以"商民自卫"为借口，向香港德商顺全隆洋行定购枪械9000余支，由此引发了"哈弗"轮被扣事件，商团威胁罢市，滇桂军阀觊觎枪械，形势十分危急。1924年10月11日，广州形势愈益险恶，商团联合会散发传单，扬言"非俟扣械全数发还，不可开市"，而且他们还逼迫开张商店进行罢市。10月12日起，商团组织在广州到处张贴打倒"孙政府"的标语，要求陈炯明回广州主政。10月13日，孙中山命吴铁城率警卫军自韶关回援广州，并电令胡汉民："商人既如此，非大加惩创不能挽回大局。着即宣布戒严，停止一切法政、行政，付托全权于革命委员会，使便宜行事，以应非常之变。各军既觉悟纵容商团之非，着令一致服从革命委员〈会〉命令，不得再事犹豫。切切。此令。"10月14日，孙中山任命蒋介石为总指挥，统帅黄埔军校、飞机队、铁甲车队、工团军、农民自卫军、警卫军，共平商团军。黄埔军校临时成立了机枪队，配备两个炮兵连，参加战斗。15日，黄埔军校学生军与各参战部队攻克西关，商团军迅速溃败。是役为黄埔学生军初次参加实战，表现出纪律严格、作战勇敢等素质，苏联军事顾问加伦评价："黄埔军校虽然参加人数不多，却成了政府军的核心，革命党人纷纷集合在它的周围。"对于此事，1972年蒋介石回忆时评价："黄埔师生以无隔宿之粮、无尺寸之地、训练初成的孤军，终于起而削平了商团之关键之战。"由此可见，黄埔师生组建的队伍异于旧式军阀，是一支具有革命理想的革命队伍。

　　总之，在国共两党共同的努力下，各种进步革命力量汇聚起来，革命群众的积极性调动起来，革命队伍组建起来，国民革命的浪潮以广州为中心向四周掀起惊涛骇浪，推动中国的革命发展。此时的广东正在酝酿一场轰轰烈烈的国民大革命运动。

二　北上

北上是孙中山为谋求全国和平统一而进行的一次革命活动。1924年10月，冯玉祥发动北京政变后，几次电邀孙中山北上，共商国是，"解决历年南北纠纷，以求彻底改革"。孙中山为争取早日实现全国统一，结束军阀混战的分裂局面而北上，发表《北上宣言》，表明反帝反封建的政治立场，并主张召开国民会议，谋求中国的统一与建设。北京政府由冯玉祥、张作霖、段祺瑞共同掌握，他们各自怀有政治意图。北京临时政府执政段祺瑞公布的《善后会议条例》，与孙中山的国民会议精神相左。孙中山入京后，拟订了召开国民会议草案，受到各地民众欢迎。而段祺瑞召开的善后会议，使得中国革命的局势急转直下。怀揣革命理想的孙中山抱病，于1925年3月12日在北京逝世。中国和平统一的契机转瞬即逝，后在孙中山革命思想指导下的北伐，通过武装革命实现他北上时的革命理想。

（一）北京政变

民国初年，全国各地军阀混战，连年战争。1922年，以广州为革命基地的孙中山与皖系的段祺瑞、奉系的张作霖合组"三角同盟"，共谋对付掌控北京政府、势力独大的直系。1923

北京政变

年，直系的曹锟以贿选国会议员的方式当选总统，这件事本身就引起了全国的抨击。1924年9月，第二次直奉战争爆发，当时在广州设立大本营的孙中山为呼应北方战局，亲赴韶关督师准备北伐，然而，这个时候却传来了另一个消息。

在1924年10月22的晚上，曹锟直系军队正和东北张作霖的奉军激战，战火似乎离312公里之外的北京城很遥远，令人竟想不到的是，在这个夜里，北京城里正悄悄发生着一场波及整个第二次直奉战争战局的事变。

次日凌晨，北京城内满城都是国民革命士兵，从沉睡中醒来的市民们得知，大总统曹锟已经被囚禁在延庆楼。3天后，《北京导报》发文称，此次行动是中国历史上最杰出的一场政变。

发动这场政变的是直系的冯玉祥。冯玉祥的合谋是胡景

冯玉祥

胡景翼

王正廷

翼和孙岳。据《孙中山年谱长编》载：冯玉祥和胡景翼、孙岳早年都曾参与过辛亥革命。冯玉祥等人和国民党人平时就有来往，曹锟贿选事泄后，孙中山曾秘密派人劝说冯玉祥倒直，当时冯玉祥个人控制的兵力有限，不敢轻举妄动，但第二次直奉战争给了他机会，冯玉祥把此次举动称为"首都革命"。回师北京前，他是北京政府的左翼作战军第三军司令，受吴佩孚将军的指挥，任务是进驻古北口。当部队走到半途，冯玉祥趁后方空虚挥师入京，他向部下强调："我们这次革命，是拥护中山先生主义，并欢迎中山先生北上，中山先生所领导的党叫国民党，所以我们的队伍也就取名国民军。"冯玉祥掌握北京政局以后，采取了两个重大行动，一是于11月1日，以黄郛任国务总理，王正廷等人任各部部长，成立摄政内阁；二是在11月5日这天，从故宫中将清朝皇室赶出宫门，并宣布废止"清室优待条例"。

　　而在这两个行动之前，冯玉祥已向孙中山发出了北上北京，共商全国统一大计的邀请，并派马伯援持他的亲笔信赴广东迎接孙中山。冯玉祥在信中再次诚恳地向孙中山发出邀请："先生党国伟人，革命先进，务希即日北上，指导一切。除请马伯援代表欢迎，晋谒面陈外，特备此函，以表微忱。"张作霖、段祺瑞也都发电报给孙中山，同样提出希望孙中山能北上来主持政局。在段祺瑞邀请孙中山北上的信函中，有这样一句话"惟纷变之后，重谋统一"，段祺瑞以北方共主之姿向南方领袖孙中山提出"和平统一"的政治愿景。对于孙中山来说，这当然是个意外的好消息。10月27日，孙中山就发出两封电报，表示有意北上，"义旗聿举，大憝肃清，诸兄功在国家，同深庆慰。建设大计，亟须决定，拟即日北上，与诸兄晤商"。10月30日，他迅即返回广州。

孙岳

齐燮元

黄郛

孙中山返回广州后，商团叛乱被镇压下来，广州的局势也渐趋平稳。孙中山在大元帅府召开会议商讨如何应对北上事宜，提出以下四条：（1）由袁世凯称帝后至曹锟执政时止，中央所发布之一切命令，均归无效，由孙中山暂任临时总统，段祺瑞代总理；（2）暂采委员制，设委员七人，而以孙中山为委员长；（3）暂组摄政内阁，由段祺瑞主持组阁；（4）召集国民大会，议定宪法，并选出正式总统。以上四条，决定由孙中山北上后商讨国事时提出，择一而行。

而在北京，冯玉祥政变成功的当天，王正廷代表摄政内阁赴东交民巷拜会美国驻北京代理大使，通知他将邀请孙中山、段祺瑞、张作霖等人组成一个委员会，并由该委员会召开一次以统一中国为目的的圆桌会议，而新一届的中国政府也将在此基础上产生。

事实上，在接到邀请后，孙中山遇到了阻碍，这些阻碍的声音来自广州革命大本营，那么他们为什么反对呢？一是担心孙中山到了北京以后处在北洋军阀的包围中，会有危险；二是担心孙中山去了以后也不会有什么成果，反而是白费气力。但是在孙中山眼中，这一次的北方变局是政治上一次难得的机会，是于中国大局有利的事，孙中山晚年最大的一个志向就是能够实现国家的统一。

　　长久以来，尽管波折不断，孙中山仍然不断地寻求外援，与各方的势力建立联盟关系，以实现建国理想。领导辛亥革命的孙中山在1912年中华民国建立后，出任临时大总统仅三个月，就因与北洋军领袖袁世凯的政治协议而下台。1917年，孙中山于故乡再起革命事业，为维护《中华民国临时约法》，数年之间他屡次发动北伐，但因地方军人及列强牵制，势力始终局限于广州一隅。1924年改组中国国民党，筹建黄埔军校后方出现转机。而黄埔军校的筹建需要很多经费，苏联提供了经费、军事武器还有军事顾问，基于这样一些客观的需要，孙中山接受了苏联，国民党中央委员会通过了"联俄联共"政策。

　　在孙中山与蒋介石等人恳谈后，事情很快有了转机。苏联顾问鲍罗廷也支持孙中山打破广州困局的想法，赞同他应邀到北京，向北方民众宣扬国民革命的目的与主张。11月1日，孙中山在国民党的中央政治委员会开会讨论，最后的结论是北上。当天，他正式收到了一封邀请函，到11月4日，他就把北上的意图完全公开了。

　　11月10日，孙中山发表《北上前对时局之宣言》，提出"要使武力与国民深相结合"，"其一，使时局之发展能适应于国民之需……其二，使国民能自选择其需要"，并提出"预备会议以左列团体之代表组织之：一、现代实业团体；二、商会；三、教育会；四、大学；五、各省学生联合会；六、工会；七、农会；八、共同反对曹吴各军；九、政党"。11月12日，孙中山发表《北上之意义与希望》的演讲，他重申三民主义是解决国家问题的基础，国民党第一次全国代表大会所通过的纲领是一个最高的目标，现时的最低纲领必须包括废除帝国主义列强强加给中国的不平等条约和协定；孙中山还呼吁召开国民会议以谋求中国的统一和建设。然而，就在孙中山发表演讲的同一天，江苏都督齐燮元在南京与一批直系督军发布第二次通电，要求段祺瑞出任政府执政。第二天段祺瑞正式宣布他将至北京就任以便组织起一个临时政府，并将于一个月之内召开一次由各省代表参加的善后会议，由善后会议再产生国民会议。这个结果出乎冯玉祥的预料，等待孙中山来北京主持大局的想法落空，段祺瑞与直系联合又取得了奉系张作霖的支持，冯玉祥的意见此时也不占主导了。孙中山还没有出发，北京的形势已经急转直下，但他还是坚持北上。

（二）曲折之路

11月12日这天是孙中山58岁的生日，他第二天就要北上

广州各界群众欢送孙中山北上

了，因此广州的各个团体举行了一场盛大的游行，孙中山向游行的两万多群众发表了讲话。11月13日上午，孙中山和夫人宋庆龄自大元帅府乘车至天字码头，在军乐以及众人的欢送声中登上永丰舰。下午，永丰舰在黄埔岛岸边停下，孙中山一行人来到黄埔军校，在校长蒋介石的陪同下校阅学生军的战术演习。

孙中山视察黄埔军校

孙中山在校阅后有感而发，对蒋介石说："余此次赶京，明知其异常危险，将来能否归来尚不一定。然余之北上，是为革命，是为救国救民而奋斗，又何危险之可言耶？况余年已五十九岁，虽死亦可安心矣！"没想到孙中山这番话，竟一语成谶。

下午6时，永丰舰离开黄埔岛驶向香港，此时的孙中山恐怕不会想到，自己只剩下四个月的生命，无缘再回故乡。

孙中山抵达香港后改乘日本轮船"春洋丸"号始往上海。因为孙中山在北上宣言中提出要废除一切不平等条约，再加上他当时还推行联俄联共的政策，这些引起了英法等国的不满。英文报纸《字林西报》甚至发表社论称应拒绝孙中山进入上海租界，对此，孙中山说，"上海为中国领土，吾人为主人，彼等不过为吾人之宾客，宾客对于主人，固无拒绝主人入内之权利。如租界当局果阻余入租界，则吾人对此不能不有出以断然手段之觉悟。现时中国已达撤废一切外国租界之时期，吾人为贯彻此目的不惜为最大之努力。中国国民已不能再坐视外国侨民在中国领土内肆其跳梁跋扈也"。11月17日孙中山到达了上海，他来上海的主要目的是为了收集信息判明北方的局势，等待前往天津和张作霖、冯玉祥、段祺瑞谈判的最佳时期。孙中山在上海的这4天无疑是繁忙的。

11月19日，孙中山在寓所举行媒体茶会，他向记者们重申，《北上宣言》中"召集国民会议"和"废除不平等条约"两大主张，回应了先前段祺瑞的"和平统一"要求，并以激烈的言辞告诉记者们他北方之行的目的就是要推动国民会议的召开，并消灭军阀和帝国主义者这一对罪恶的双胞胎，废除不平等条约。

那么，段祺瑞主张召开的善后会议和孙中山所倡导的国民会议有什么不同呢？分歧的主要方面在于参加的人员构成。段祺瑞提出的善后会议，由四种人构成，第一种人是对民国有大功的人，这个实际上指的是两个人，一个是孙中山、一个是黎元洪；第二种人就是讨伐曹锟吴佩孚和平定内乱有功的军人；第三种人是各省的军事和民政的长官；第四种人是由临时执政聘请或特派的人员。而孙中山和国民党提出的国民会议成员是九种人，第一种就是现代工业团体的代表、总商会的代表、大学的代表、工会的代表、农会的代表、反对曹锟吴佩孚的军队和政党的代表。国民会议的主体是国民，是中国当时工农商学方面的一些精英代表，而段祺瑞提倡的善后会议主要人员是当时的军阀和政客。这种对立具有根本性质的意义，会议由哪些人参加就是由哪些决定了中国的政策，如果善后会议召开了，国家的军事财政外交等各方面的政策都会按照段祺瑞和其他军阀政客的意见决定，此后再召开国民会议也就没有必要了。

就在孙中山和段祺瑞竞相争取舆论支持之际，孙中山原定的北上行程安排出现了变化，他决定改道日本再转往天津。从上海直接到天津比较近，为什么要绕道呢？一方面是因为直奉战争还没有完全结束，直接坐火车北上是行不通的；另一方面是考虑到政治因素，孙中山也想借此机会向外国做一个政治上的宣示，同时争取日本政府支持他关于"废除不平等条约"的主张。

11月22日，孙中山取道日本去天津，在船上发表讲话说，他到北京的目的是要创造一种有利的气氛，以便召开一个有广泛代表性的国民会议。11月24日至30日，孙中山在日本神户发表了很多讲话和演说，进一步宣传了他的主张，其中最著名的一次是11月28日应神户商业会议所邀，以"大亚洲主义"为题，在神户高等女子学校的大礼堂发表的演讲。当天的听众是普通的日本神户市民，到会者3000余人，孙中山的演讲对他们触动很大。据《民国日报》刊载，演讲散会时，数千听众站立在广场上，向孙中山脱帽欢呼，时间长达30分钟之久。美国学者韦慕庭描写孙中山此时的情景说，孙中山精神饱满，这是他的聪明才智在生命火花开始明灭闪烁之前最后一次强大的迸发。

演讲中，孙中山提出，日本应当与中国合作，共同对抗欧美国家，民众对这样的观点深有同感；但日本政府却不以为然，当时的日本内阁并不认同孙中山的这个观点。这个演讲里面有两个要点，其中一个是说世界的文化有两种，欧洲的文化

孙中山"大亚洲主义"演讲现场

是霸道的文化，亚洲的文化是王道的文化，日本将来是做"霸道的鹰犬"还是做"王道的干城"，这个选择权在于日本国民。遗憾的是，孙中山的苦口婆心并没有办法阻止日本不断向外扩张的野心。

（三）孙张会谈

转赴天津的舶期已到，11月30日，孙中山一行搭船离开日本，12月4日船抵天津。段祺瑞政府安排孙中山入住前清廷湖北提督张彪的宅邸"张园"，孙中山与负责接待的许世

英等人在张园内合影，这是他最后一次在公开场合拍照，近一个月的长途奔波以及对国家的忧心已经严重损害孙中山的健康。

孙中山在张园与接待人员的合影

1924年12月4日，孙中山前往拜访北京政坛的实力派——人称"东北王"的张作霖，两人会面之地"曹家花园"原为大总统曹锟所有，曹锟因政变下台后，"曹家花园"成了张作霖在天津的行馆。

据孙中山的随行人员李烈钧的回忆录，孙中山一行到了张作霖的行辕门口，张作霖没有亲自迎接，而是派遣张学良出来引领，到了会客厅，也没有立刻出来相见，而是让孙中山等候许久，张作霖才出来，并且坐在上席，显示出盛气凌人之势，孙中山看见这种情形，当然不高兴，于是，宾主之间陷入短时间的沉默，一时局面很僵硬，经过一番沉闷和静寂，最后还是孙中山打破僵局，开口说："我昨天到了天津，承派军警前往迎接，对于这种盛意，非常可感，所以今天特来访晤，表示申谢。"接着又说，"这次直奉之战，赖贵军的力量，击败了吴佩孚，推翻了曹、吴的统治，实可为奉军贺喜"。张作霖听了，眉宇间流露出不欢喜的样子，说："自家人打自家人，有什么大惊小怪的，更谈不上什么可喜可贺了。"这时候，李烈钧起身解围说："事情虽然是这样讲，要不是把国家的障碍像吴佩孚这流人铲除，虽想求国家进步和人民的幸福，这是没有希望的。今天孙总理对雨亭之贺，实有可贺的价值，也唯有雨亭能当此一贺啊！"张作霖听了后，这才高兴地大笑起来，双方的气氛转而融洽起来。张作霖曾说："我是捧人的。我今天能捧姓段的，明天就可以捧姓孙的。惟我只反对共产，如实行共产，则虽流血所不辞！"可见张作霖对孙中山"联俄联共"的不满。

《与张作霖的谈话》中记载，在谈话中，张作霖劝孙中山对于废除不平等条约之事，暂缓施行。孙中山表示不能同意。当时，张作霖对汪精卫说："我以前以为孙先生是一个什么难说话的人，今天才知道他原来是一个温厚君子。只是北京各国公使都不赞成孙先生的，大概因为孙先生联俄。你可否请孙先生抛弃他联俄的主张？我张作霖身上包管叫各国公使都和孙先生要好的。"

　　会谈后孙中山即卧病在床，德、日医生最初诊断为感冒兼胃病，之后又怀疑是胆囊炎。对于病因，有两种说法，一是孙中山到天津时天气很冷，他脱帽向欢迎者致意，引起感冒，进而引起了肝部疼痛；另一种说法是与张作霖会面时感冒引起的（持这种说法的是张学良，1993年92岁的张学良以肯定的语气告诉采访他的台湾学者郭冠英和周玉蔻说，孙中山的病是在与他父亲张作霖见面时受冻受冷引发的）。当时谁也没有想到孙中山的病会逐渐恶化到那么严重的地步，原打算在天津稍事停留尽早入京的孙中山，不得不在天津休养。

　　此时，孙中山"虽然病卧在床，接见重要同志及宾客，仍是每日不断"。他和张作霖进行过几次讨论，也接待了冯玉祥和段祺瑞的代表，孙中山是应他们的邀请北上的，他满心希望能够通过政治协商而把国家统一起来。

　　1924年12月7日，段祺瑞与日本记者谈话中公然宣称："孙所言之废除不平等条约，余殊不能赞同。"翌日，又发表宣言，表示尊重与列强所缔结的不平等条约。12月18日，段祺瑞派遣代表叶恭绰、许世英来见孙中山，在病榻上的孙中山闻知此事，极为愤怒："我在外面要废除那些不平等条约，你们在北京，偏要尊重那些不平等条约，这是什么道理呢？你们要升官发财，怕那些外国人，要尊重他们，为什么还来欢迎我呢？"也许是怒火攻心，当天孙中山的病情就加重了，经诊断，肝脏上有显著肿痛，体温接近正常，但脉搏跳得很快。

12月19日，孙中山仍然指定了在全国范围内的不少人宣传国民会议，但是不久后，一份善后会议名单出现在了人们的视野中，这是段祺瑞宣布的名单，名单由北京政府邀请的军事领袖、政治家和知名人士组成。在166位与会代表中，孙中山排名第一，随后，是前任总统黎元洪以及张作霖、冯玉祥等；除此之外，还有各地军方巨头、西藏的达赖和班禅，以及包括北大教授胡适在内的社会名流，也包括不在少数的国民党代表。这份名单包括了孙中山和六七十位国民党的知名人物，但也包括了孙中山在广东军事方面的对手，陈炯明、叶举、洪兆麟、林虎、邓本殷等人，总的来说，参加

陈炯明　　叶举　　　洪兆麟　　林虎　　邓本殷

会议的，多为军人和政客。段祺瑞为了表示接受孙中山一些意见，曾提出他可以请教育会的负责人、商会的负责人等来开会。此时，孙中山召开国民会议的希望已经愈加渺茫。

尽管南辕北辙的政治理念使孙段关系陷入僵局，但段祺瑞政府不敢轻视孙中山的威望，商请孙到北京治病调养。因为孙中山的病情越来越重，北京的医疗条件也更好一些，孙中山做了两个决定：第一，以一个病人的身份前往北京，请协和医院的医生为他治病，他在北京饭店做了简短讲话后就再也没有公开露面；第二，治疗的费用完全自理，不花政府一分钱。1924年12月31日，孙中山和夫人宋庆龄到达北京，汪精卫等国民党要员陪同。由于重病在身，孙中山匆匆向欢迎的人群示意，乘车到达北京饭店。当日孙中山发表的《入京宣言》中再次重申了救国的理想，他说："兄弟此来，不是为争地位，也不是为争权力，是为特来与诸君共同救国的。13年前，兄弟与诸君推倒满洲政府，为的是求中国人的自由平等，然而我们中国人的自由平等，已被满洲政府从不平等条约里卖给诸国了，以至于我们仍处于次殖民地社会，所以我们必须要救国。"

协和医院的德国医生克礼、狄博尔与天津过来的德国医生施密特会同诊治，诊断结果是很严重的肝病，后又有其他医生参与诊治，共有七位医生给孙中山进行了会诊，认为应当进行手术治疗，但是孙中山拒绝了，仍然希望采用内科治疗的方法。1925年1月5日，孙中山的病情有所稳定，睡眠有所好转，这样的情况持续了半个月左右就急转直下，在他的病情转危之前，他依旧没有放弃，努力尝试改变政治上的不利局面，孙中山于1月17日口授了一个致段祺瑞的复电。孙中山提出，军事军队的制度、财政等一些重大问题善后会议可以讨论，对善后会议提出自己的主张："但求善后会议能兼纳人民团体代表，如所云现代实业团体，商会，教育会，大学各省学生联合会，工、商、农会……至于会议事项，虽可涉及军制、财政，而最后决定之权，不能不让之国民会议。"这是疾病缠身的孙中山为修正善后会议做出的最后一点努力了，然而，段祺瑞还是没有采纳他的提议。随后孙中山宣布不参加善后会议。这大概是孙中山在政治上采取的最后一个行动了。1925年2月13日段祺瑞组织的"善后会议"在新华门内瀛台对面的礼堂正式召开，善后会议共召开了二十二次大会，七个座谈会，至4月21日闭幕，制定了三项关于改革军制和收回地方财政的决议。然而，形成的决议没有形成实际的效力，也没有得到各方的充分重视。

此时，孙中山的名望却在逐步攀升，特别是自他抵达北京，他的名望已经达到了空前的高度，这是什么原因呢？孙中山的两个主张：废除不平等条约、召集国民会议，是全国人民的普遍心声和共同愿望。

（四）弥留之际

1925年1月21日，孙中山的病情开始恶化，23日，医生忽然观察到孙中山眼球内出现黄晕，这是肝脏疾病转危的先兆，应当马上进行手术治疗。但是，此时的孙中山身体条件已经和以前大不相同了，由于北上以来一直公务缠身，政务不断，探访的人也很多，他根本没有得到很好的休息，身体条件也越来越差，手术的承受能力很低，因此，医生决定还是继续进行内科治疗。

孙中山病情恶化的这段时间，一位来自东交民巷德国医院的中国护士被派往护理孙中山。1956年10月28日，这位名叫何芬的护士在《工人日报》上回忆："每天清晨，我一跨进病房，中山先生就很有礼貌地对我说：'早安！'傍晚，当我离开病房的时候，中山先生也要说声：'晚安！'每次量体温、试脉搏或是喂药以后，他都要说：'谢谢你！'有一次，他烧得唇干舌焦，我用药棉蘸凉开水润他的嘴唇。这时，他虽然难受得两眼睁不开，也不能说话了，还合掌向我表示谢意。"这些事情间接体现出孙中山的个人言行与革命主张的一致性。

1925年1月26日，孙中山因病情再度恶化而入院进行手术治疗，剖腹检视后断定是肝癌晚期。2月16日，院方在取得孙中山的同意后，启用镭锭进行放射治疗，以阻止癌细胞蔓延，这是在当时的医疗条件下所能采取的最后办法了。身患不治之症的消息传开后，他的许多亲密的同事前往北京看望他，但陪伴在他身边的国民党中央委员只有汪精卫一人，很快，国民党便将在广州的中央政治委员会迁来北京，以应付最坏的情况。放射治疗八九天后，孙中山的病情仍无好转，2月17日晚11点，医院发出《致孔庸之先生转孙中山家族暨国民党员诸君的信》，信中说："孙先生之生存已无希望，因为镭锭其用48小时为限，而先生今用已40余小时仍无效果，故断为绝望。"眼见西医治疗无望，张静江向孙中山推荐尝试给中医师陆仲安治疗，陆仲安曾治好过胡适的肾病，并请来胡适做说客，孙中山早年学习西医，素来不信中医，但他也别无选择，就同意了。2月18日孙中山出院，移居位于铁狮子胡同的北京外交总长顾维钧宅邸，开始接受中医诊疗。但奇迹终究没有出现。

在2月24日这天，孙中山的病情急转直下，医生们认为他是时候该留下遗言了。在他住进医院的这些日子里，他的儿子孙科、妻子宋庆龄、妻子的长兄宋子文、妻子的姐夫孔祥熙，以及汪精卫都陪伴他左右。在征得宋庆龄的同意后，他们站在孙中山的病床边，请求他给予最后的指示。孙中山向站在他身边的这些人发出警告说，他死后，危险和软化将会出现。汪精卫在作了保证之后请求孙中山给予指示，孙中山询问还有什么话要他说，汪精卫提议朗读已经写好的遗嘱草稿，如果孙中山同意，他可以在这个草稿上签字，如果希望对草稿进行修改润色，汪精卫将以记录员的身份奉命行事。于是，汪精卫就把草拟好的稿子念给孙中山听。第一篇是国事遗嘱，后来被精炼成著名的一句："革命尚未成功，同志仍须努力。"全文是：

余致力国民革命凡四十年，其目的在求中国之自由平等。积四十年之经验，深知欲达到此目的，必须唤起民众及联合世界上以平等待我之民族，共同奋斗。

现在革命尚未成功，凡我同志，务须依照余所著《建国方略》《建国大纲》《三民主义》及《第一次全国代表大会宣言》，继续努力，以求贯彻。最近主张开国民会议及废除不平等条均，尤须于最短期间促其实现。是所至嘱！

第二篇是家事遗嘱，内容是：

> 全因尽瘁国事，不置家产。其所遗之书籍、衣物、住宅等，一切均付吾妻庆龄，以为纪念。余之儿女已长成，能自立，望各自爱，以继余志。此嘱。

这两篇遗嘱，孙中山都感到满意，汪精卫本想开门取笔墨以请孙中山签字。这时，孙中山听见屋外传来宋庆龄悲哀的哭泣声，便对汪精卫说："你且暂时收起来吧！我总还有几天的生命的。"

此后，孙中山的病情更加恶化，至3月10日，孙中山身边的医生已经束手无策。他的脉搏每分钟已经跳到了156次。可是这种时候，他还是很关心东征军的进展，让来京的何香凝告诉廖仲恺，不要来京，以免耽误广州的工作，让汪精卫电报给东征军，"不可扰乱百姓"。

3月11日，孙中山已至生命垂危之境，宋庆龄扶着孙中山颤抖的手，在他的国事遗嘱和家事遗嘱上签字，这天同时签署的还有一份致苏联的遗嘱。

清晨，弥留之际的孙中山用微细的声音轻轻吐出的是："和平，奋斗，救中国。"3月12日上午9时30分，孙中山先生与世长辞，中国民主革命的先驱、一代伟人离开了，他奋斗未竟的理想将等待着后继者去实现。

（五）革命遗愿

　　孙中山逝世当天，段祺瑞政府发布下半旗志哀令，并决定拨专款作为孙中山先生的葬费。此后数日，驻京苏联大使，以及德、英、比、丹、法、荷、西、瑞典、葡等国公使，都亲临吊唁，不少国家的政府或友好人士发来唁电。各报刊大幅报道孙中山的死讯，全文刊出他的遗嘱，这些消息以电报向中国各地以及国外发送，数个月内，海内外悼念孙中山之声不绝如缕。革命根据地收到孙中山逝世的电文后，留守同志纷纷哀泣，当时正领兵东征的蒋介石于军中设祭哀悼，并在日记中写下这些话：孙中山的逝世对于国民党来讲，不仅仅是损失了一个领袖而已，对中国人来说，同时好像失去了一个可能的希望的象征。

孙中山先生去世后，大批民众前来吊唁

　　3月19日，宋庆龄、孙科在北

京协和医院礼堂为孙中山举行家庭葬礼，葬礼后，孙中山的灵柩被移往中央公园（今中山公园），从上午10时起，闻讯而来的各个团体、学校以及中外送殡的人们已经到达，从协和医院到中央公园的路边站满了人，这倾城而出的场面是北京前所未

碧云寺祭堂外的挽联

有的。从3月24日起，开始举行公祭。灵堂设于中央公园社稷坛正中，上悬孙中山遗像及"有志竟成"横匾，两旁悬挂"革命尚未成功，同志仍须努力"对联。前往吊唁的中外团体及个人络绎不绝，各界送来花圈7000多个，挽联59000多副，横幅500多件。10天公祭，参与吊唁者达76万多人。有一副挽联写道：

五千年帝制流毒，赖先生树起五权宪法，三民主义，缔造新邦，双手转立黄，创此空前事业；

四百兆民众涂炭，看今日仍知强邻群迫，军阀私争，内外交困，哲人顿萎谢，孰擎此后山河。

　　此时的北方仍然在北洋军阀的统治之下，而不是在孙中山的统治之下，如此数量庞大的民众自发悼念孙中山，也说明了孙中山将革命领袖的力量带到了北方，激起民众、新生代学生们的回响。早在孙中山逝世之初，便有报刊在吊文中将孙中山与美国国父华盛顿相比拟，公祭会场上，河南军人樊钟秀送的巨型素花上大书"国父"二字，尤其引人瞩目，此后接续出现其他尊称孙中山为国父的挽辞。

　　4月2日，孙中山的灵柩移往西山碧云寺暂厝，北京民众再一次倾城而出，送殡的队伍长达四五公里，几十万人守候在路边为他送行。遵照孙中山的遗愿，陵墓建于南京钟山，采用了32岁的建筑师吕彦直的"警钟"形设计，以寓意遗嘱中"唤起民众"之意。段祺瑞以脚肿为理由，派内务部长龚心湛作代表前往吊唁。有种说法是，段祺瑞听闻国民党准备借机对他发难。龚心湛参加时，双方确实出现了争执，他代读完段祺瑞的祭文后离去。当时中国最大的报纸《申

东征军在广东省兴宁市举行追悼孙中山大会

报》评论说："中国数十年来为主义而奋斗者，中山先生一人而已。"梁启超在《晨报》上发表文章说："孙君是一位历史上的大人物，这是无论何人不能不公认的事实。我对他最佩服的：第一，是意志力坚强，经历多少风波，始终未尝挫折。第二，是临事机警，长于应变，尤其是对于群众心理，最善观察，最善应变。第三，是操守廉洁，最少他自己本身不肯胡乱弄钱，便弄钱也绝不为个人目的。"

这次孙中山北上，虽未达到"废除不平等条约"和"召集国民会议"的主要目标，其本人也病逝北京，但却唤起了全国民众对国民革命运动的支持。1925年5月起，各地陆续爆发反抗帝国主义的示威，1926年7月，国民革命军总司令蒋介石，继承孙中山遗志自广州出兵北伐，后来国民党的势力能够在北方由建立基础从而慢慢地发展起来，能够得到很多的响应支持，很大程度上是孙中山所带来的影响。北伐之所以成功，不只是因为军事方面的基础，如果没有这样的一个靠着孙中山先生所建立起象征希望的社会基础的话，那么北伐其实不见得在短短两三年之内就能成功的。

冯玉祥对自己没能见到孙中山感到极为痛心和遗憾，是他邀请孙中山北上，但他面对奉系军阀张作霖的施压，也只能无奈隐退。一年后，当国民革命军自广东一路往北推进时，冯玉祥的军队是他们在北方唯一的可以信任的盟军。

孙中山去世时，他的政治顾问鲍罗廷曾很感慨地说，如果孙中山先生能够多活几年，甚至几个月，中国的局势也许会完全改观的。

"革命尚未成功，同志仍须努力。"正在东征的黄埔军校学生也举行仪式，悼念他们的领袖。黄埔军校的政治部主任周恩来宣读了悼词。当孙中山逝世之时，38岁的蒋介石正率领黄埔军校的学生东征惠州，以完成孙中山未了的心愿，这支只有数万人的学生军成为一年以后北伐军的核心，他们完成了孙中山多次北伐也没有完成的心愿，打败了北洋军阀。

美国合众社在1925年3月12日发出的电文中预测，在共和之父孙中山逝世后，国民党领袖的职位将由蒋介石继承，因为他能够掌控军队。合众社认为正在北京主持孙中山葬礼的汪精卫是蒋介石最可能的权力竞争者，孙中山已经安息，可他所领导的国民党内部却开始产生分歧，国民党的一群要员借参加孙中山先生葬礼之便，在西山的临时陵墓前集会讨论如何对付国民党内势力日渐壮大的共产党。1927年革命阵营分裂，国共两党分道扬镳。

孙中山去世两个月以后五卅运动爆发，工人与市民投入政治运动，下层民众的政治热情在国共两党的鼓动下激发出来，孙中山扶助农工的思想深入人心。孙中山逝世时，运转了近十年的共和政体已经磨损得面目全非，奄奄一息。广州已经是党治的天下，不再有非常大总统，也没有残缺的国会；北京城里军阀横行，不仅没有了国会，也不再有大总统，辛亥革命留下的民主政体正从人们的视线中消失。孙中山的去世标志了一个时代的终结，但由他孕育出来的更强大的新生力量将改变中国的命运。

三 第一次东征

花开两朵，各表一枝。孙中山北上之时，第一次东征也开始了，两者几乎同时进行，但其结果则大相径庭。第一次东征之所以能取得这样的成就，跟广东当时的革命环境直接相关。可以毫不夸张地说，当时的广东，是全国热血青年最向往的革命圣地。

（一）革命中心

中共三大最重要的成果就是国共合作，共产党员以个人身份加入国民党，开创了国民大革命的新局面。以1924年1月于广州召开的国民党一大作为标志，国共第一次合作正式形成。从此，以反帝反封建为主要内容的国民革命运动日渐走向高潮。多方革命势力下的广东成为当时全国革命的中心和基地。

在以国共两党为基础的革命统一战线的推动下，广东革命形势不断发展。为培养革命军事骨干力量，在苏联的帮助和共产党人参与下，1924年5月，孙中山在广州创办了黄埔军校，黄埔军校是国共合作的最重要成果，也是国共两党建设自己军队的开始。7月,在中国共产党领导下,沙面洋务工人举行了反对帝国主义者侮辱中国人民的所谓"新警律"的斗争,取得了胜利。10月,买办陈廉伯和大地主陈恭受等制造了商团武装叛乱。在黄埔军校学生军和广州工农革命武装力量打击下,商团叛乱很快就被平定了。

但是,从整个局势来看,作为全国革命根据地的广东,仍是很不稳定的。以孙中山为首的大元帅府大本营的处境,也是十分险恶的。大元帅府只管辖广州、肇庆和韶关,而且其势力事实上只及于广州附近一带。全省大部分地区仍为各派军阀势力所控制。在东江地区,叶举、洪兆麟、刘志陆等盘踞着海丰、陆丰和潮汕一带,林虎占据着兴梅地区,惠州一带则为杨坤如部所控制。南路、琼崖地区,则为军阀邓本殷所盘踞。此外,以杨希闵为头子的滇军,以刘震寰为头子的桂军,打着"革命军"的旗号进入广东后,在广

杨坤如　　　　杨希闵　　　　刘震寰

州附近一带霸占地盘，发展势力，横行霸道，无恶不作。上述各股军阀力量，狼狈为奸，都力图颠覆广东革命政权，扩张其势力范围。因此，肃清各派军阀势力，巩固和实现广东革命根据地的统一，依然是大元帅府面临的重大任务之一，这既是孙中山长期以来的夙愿，也是广东人民群众的迫切要求。

1924年11月13日，孙中山应冯玉祥等邀请北上，召开国民会议，共商国是。出发前他曾在广州召集建国粤军总司令许崇智、桂军总司令刘震寰、滇军总司令杨希闵等人开会，着重商讨如何一致行动，讨伐盘踞东江一带的陈炯明反动力量，以真正实现统一广东革命根据地。会上决定组织粤、桂、滇、湘联军十万人，以杨希闵为联军总司令，出师东征。但是会后滇、桂军阳奉阴违，迟迟不动。孙中山离粤北上，抵京后即患重病。

当孙中山病危消息传出后，举国震惊，而陈炯明却狂喜不已，认为孙中山病危，群龙无首，这是颠覆大元帅府统治的大好机会，于是加紧拼凑反革命力量，策划进攻广州。陈炯明宣布自任"救粤军"总司令，将东江、韩江、梅江一带的反动武装编为六个军，以叶举为各路军总司令，林虎为东路军总司令，洪兆麟为东路军副总司令。12月下旬，陈炯明致电广州商团，告以计划进攻广州之事，要求商团支持配合。不久，叛军出动，其前锋进攻东莞石龙、虎门一带，威胁着广州大本营的安全。

（二）进攻广州

1924年11月15日，距离孙中山启程北上已经过去了两天，陈炯明召集部分僚属开会讨论前途问题，会上有主张应商团的请求进攻广州的，也有主张放弃东江，进攻福建的，这次会议没有达成一致意见。

陈炯明所部原为援闽粤军，受广州护法军政府指挥，是因临近广东省的湖南、福建有北军进攻，为援助福建而组建，后扩展为两个军共两万多人，曾在1920年赶走旧桂系的战役中立下汗马功劳。

陈炯明是广东省汕尾市海丰县人，他曾中秀才，以优秀的成绩毕业于广东法政学堂，1909年加入同盟会，积极参加辛亥革命，陈炯明和孙中山因共同的革命事业在广州相遇。1917年，孙中山向广东省省长朱庆澜建议，改省警卫军为省长亲军，由陈炯明任司令。起初，此建议受到桂系阻挠，在孙中山、胡汉民等人多方活动下，新上任的广东代都督、桂系军阀莫荣新终于同意将二十营省长亲军拨交陈炯明统领。

孙中山以军政府陆海军大元帅名义任命
陈炯明为援闽粤军总司令，这是当时护
法军政府所拥有的主要军队，可见孙中
山对陈炯明的信赖与倚重。而1920年
10月援闽粤军回师驱桂胜利之后，陈炯
明因有一支扩大了的军队，故而踌躇满

莫荣新

志，拥兵自重，主张"联省自治"。这就与再返广州准备进
行二次护法北伐的孙中山发生了越来越尖锐的难以调和的矛
盾。陈炯明曾明确表示，"粤军今日系为乡为国而战，其一
切党派及其他问题，均非所知"，"炯明此次回粤，纯本粤
人自治之意，目的一达，当即解甲归田"。

　　1922年6月16日凌晨，陈炯明所部4000余人突然包围总
统府，向孙中山所住的粤秀楼开炮，一片兵荒马乱中，孙
中山仓皇出城，直到了城南的白鹅潭，被接上泊在港内的

永丰舰，才稍稍松了
口气，惊魂未定中进
入永丰舰的孙中山还
差点因为一颗水雷死
于非命，幸好涨潮时
水位升高，把水雷带

永丰舰

离了永丰舰的泊位，在军舰旁爆炸，仅翻起了数米高的浪花。

孙中山和陈炯明曾口头约定："如北伐事成，（孙）自当离粤；北伐事败，复无颜面见粤人。"孙中山希望以广东为基础，图谋武力统一中国。谁能想到北伐才刚刚开始，竟然以这种方式收场。

1924年10月，冯玉祥等人邀孙中山北上，国内形势又将生变。

11月24日，北京传来消息，段祺瑞宣布就任临时执政。这引发了一连串的反应，北京政局又转趋不利于国民党人，而直系的兵力在东南各省联合，攻打福建已然失去时机。

11月30日，陈炯明决定应商团之请进攻广州，令其所部进驻宝安、东莞、石龙等处。

12月27日，陈炯明在汕头应"救粤会""广东商团"（商团头子陈廉伯答应助饷150万元）等团体之请，就任"救粤军"总司令职，宣布"粤人治粤"和"联省自治"的目标。通电声称，"集合全省军民协靖粤局"，"廓清凶秽，还我净土"。汕头各机关人员放假参与典礼，商人停业庆祝，收到各方贺电百余件。内有陈廉伯、陈恭受、邓介石、李颂诏、广东全省商业联合会及广东省参议会等。午间游行，晚间提灯，参加者万余人。

12月下旬，陈炯明进攻广州又添一助力。林虎受段祺瑞的暗示以及江西临时督办方本仁的请求，决定与陈炯明采取一致行动，与陈炯明商定"先击破北伐军，以解除后顾之忧，后进军广州"的策略。先后派李易标、黄业兴、王定华、王得庆各部进入粤北之连平、翁源，赣南之信丰、龙南、定南、全南等地，分路拦堵北伐军之后路。

12月22日，因陈炯明有所动作，代理大元帅胡汉民召开军事会议，准备东征军事行动。两天后，大本营代元帅胡汉民与廖仲恺、加伦将军等举行会议，决定成立军事委员会，以胡汉民、廖仲恺、蒋介石、许崇智、杨希闵等为委员，加伦将军为顾问，筹划东征事宜。

1925年1月2日，林虎等围攻赣南北伐军，第一战正式打响。北伐军在赣南地区受方本仁部从北面反攻，常德盛部队从东面进攻，林虎部从南面袭击，北伐军损伤惨重。北伐军当日被迫从赣州等处退回粤北之南雄、始兴、韶关一线，也有一部分经湘赣边界入湘境，被湖南省长赵恒惕收编或遣散。

1月15日，广州大本营决定讨伐陈炯明。广州大本营决

定由黄埔校军、滇、粤、湘、桂等军组成
东征联军。以杨希闵为右路（因此时有不
少滇军驻防石滩一带），由平湖攻淡水、
平山、海陆丰，直驱潮汕；以刘震寰等桂
军为中路，围攻惠州城；以许崇智之粤军
为左路（此时许部粤军驻广州市郊棠下一

许崇智

带），向河源、老隆、兴宁、五华进攻林虎防地。由何应
钦率领的黄埔军校组成教导第一团和由钱大钧所率教导第二
团，以"校军"名义，随粤军在右翼作战。任杨希闵为联军
总指挥。

　　1月20日，林虎部成功占领南雄，北伐军退守韶关。

　　1月25日，陈炯明部进攻虎门、石滩等处。驻东莞、宝
安一带熊略部之练演雄、胡汉卿、翁腾辉等，以练演雄为前
敌总指挥，分两路进攻虎门，企图阻断广州的海上交通。一
路由宝安县属之云霖沙井进扑太平以攻虎门，此路是练演雄
部3000余人，是主力；一路由东莞沿周溪、赤岭以扑厚街，
此路共2000余人。

　　上午十时，练演雄由宝安率部突向驻太平之谭启秀部发
起猛攻，激战约两小时，谭部不支，后退数里。下午一时，
谭部组织"驳壳队"反攻，夺回下岗，两军暂时休战。

1月28日，陈炯明第三军第三师师长邓桂生部敢死队200余人，持炸弹手枪沿石沥街冲击联军石滩第一道防线。滇军据石滩桥御战，激战两个半小时，邓部退回，这一战双方不分胜负。

1925年1月底，陈炯明在惠州制定进攻广州计划。陈炯明召集叶举、黄强、杨坤如、尹骥、李云复等在惠州召开军事会议，进一步制定反攻计划；决定由北江、东江、南路三路进攻广州。敌军各部名义上由叶举任总指挥，实际上各军之间，各自为战，钩心斗角，互不信赖。

北路：分三路。

 第一路：李易标、刘志陆两部由赣南回北江，牵制北伐军。

 第二路：林虎亲率一军出龙门，取道从化袭北江。

 第三路：黄任寰、王定华两部由龙门、正果进逼增城，并击广九路之左。

中路：又分左右两路。

 左路又分二路：

 第一路：由胡汉卿出新塘控制广九线。

 第二路：由练演雄、翁腾辉出东莞攻虎门，截断广州出海交通。

右路再分两路：

第一路：由石龙攻增城，策应林虎部。

第二路：由石龙、铁场正面直攻石滩，由杨
坤如、陈修爵两部担任，由洪兆麟任
指挥。

南路：以邓本殷为总指挥，陈章甫由两阳攻恩平，
吕春荣由三罗攻肇庆（牵制联军兵力）。

1925年1月30日，东征军战斗序列形成，由左、中、右
路军编成。东征联军总指挥部召开军事会议，根据苏联顾问
建议对东征计划略作调整：以杨希闵、范石生、胡思舜所率
滇军为左路，以范石生为左路指挥官，向河源、老隆，趋
兴宁、五华，攻林虎防地；以许崇智部粤军（除布防西江
南路者外）及黄埔学生军为右路（学生军原定留守后方为预
备队，因全体学生要求，乃列入右军序列），以张民达为指
挥官，由平湖攻淡水、平山、海陆丰，趋潮汕，攻洪兆麟防
地；以桂军为中路，以韦冠英为指挥官，攻惠州城。后来实
际进军东江的只有右路。

东征联军战斗序列：

总指挥：杨希闵。

左路军（滇军）总指挥：范石生。

中路军（桂军）总指挥：韦冠英。

右路军（粤军）总指挥：张民达（后因黄埔军校学生军加入右路，改为许崇智为总指挥）。

战斗序列：

粤军总司令：许崇智。

苏联顾问：加伦；参谋长：蒋中正。

顾问：切列潘诺夫、什涅伊杰尔。

第二师师长：张民达；参谋长：叶剑英。

第三旅旅长：莫雄。

第四旅旅长：张民达（兼）。

第七旅旅长：许济；参谋长：蒋伯诚。

粤军警卫团团长：冯轶裴。

黄埔军校学生军教导一、二团。

后续部队：

第一师第一旅旅长：陈铭枢（时驻西江，战斗紧急时赶赴东江）。

第一团团长：张发奎。

第二团团长：蒋光鼐。

大本营警卫旅旅长：吴铁城（兼）、欧阳驹（代，时驻省城，战斗紧急时才出发）。

1月31日，黄埔军校校长兼粤军参谋长蒋介石在军校操坪集合军校两个教导团官兵及入伍学生队举行东征誓师大会，并宣布黄埔军校东征战斗序列。

黄埔军校战斗序列：

教导第一团团长：何应钦。

第一营营长：沈应时。

第二营营长：刘峙。

第三营营长：严凤仪。

教导第二团团长：王柏龄。

第一营营长：顾祝同。

第二营营长：林鼎祺。

第三营营长：金佛庄。

大元帅府与陈炯明之间的战争一触即发，广东隐于硝烟之中。

（三）讨伐叛军

中共广东区委呼吁大元帅府迅速组织东征，讨伐陈炯明叛军，以先发制人。大元帅府召集所辖滇、桂、湘、粤各军将领商讨对策。但是杨希闵、刘震寰等违背孙中山关于东征的决策，与之相反，提出西征，把队伍开到西江及广西一带。经过反复讨议，并在苏联顾问的坚持下，大元帅府终于决定出师东征，讨伐陈炯明叛军。

参加第一次东征的黄埔军校教导团

参加东征的部队组成"东征联军"，分三路出兵：由滇军杨希闵部担任左路，负责进攻博罗、河源、老隆、兴宁和梅县一线；由桂军刘震寰部担任中路，负责攻打惠州；粤军许崇智部则担任右路，负责攻打淡水、平山、海丰、陆丰以及潮汕，联军总司令由杨希闵担任。

然而，滇军和桂军虽表示同意东征，而事实上却继续玩弄阳奉阴违的手法，部队迟迟不出动，保留实力。只有右路军按原定计划誓师出发东征。

右路军由粤军和黄埔军校的教导团组成，而在组织东征时，由于教导团是由黄埔师生组成，是最不被看好的。教导团仿照苏联红军的建军原则，建立了政治工作制度。教导团的军事装备几乎都是由苏联提供的。最初，黄埔军校的教导团因缺乏实战经验被当做预备队留守广州，而校长蒋介石和廖仲恺认为经过黄埔军校的训练，学生们是有战斗力的，力主教导团参与讨伐陈炯明的作战。

1925年1月31日，黄埔军校举行了一场誓师大会，军校第二期、第三期学生及教导第一团、第二团等单位，合组宣布成立"校军"。校军的两个教导团共三千人编入右路军，黄埔军由校长蒋介石、政治部

黄埔军东征时蒋介石做动员

主任周恩来统率。同为右路军的粤军部队有第二师（师长张民达，参谋长叶剑英），下辖第三旅（旅长莫雄）、第四旅（旅长张民达兼）、第七旅（旅长许济，后扩编为第四师），第一师第一旅（旅长陈铭枢）、警卫旅（旅长欧阳驹）等部。右路军总指挥原定由第二师师长张民达兼任，但因蒋介石不服，想谋此职，后来只好改由许崇智兼任，蒋介石任参谋长。

黄埔军校学生出发东征

誓师大会当天，军校发布《告东江人民书》，指出：
"本校为中国国民党创办之党的陆军军官学校，亦即党军之
养成所也……集吾校健儿，整队出发，誓以歼灭东江反革命
军阀，为吾校党军尽力于革命工作，为人民除痛苦谋利益之
开始。"蒋介石训话时说："为完成国民革命，实行三民主
义，各官兵应具牺牲精神，与敌交战时，无论如何危险，
不得临阵退却！"他还实行连坐法，"班长同全班退则杀班
长，排长同全排退则杀排长……各级党代表亦适用之"。然
而这场战争在开始时并不顺利，人员和其他装备都未准备齐
全，蒋介石忧心地说："孙先生病耗日恶，而兴师之际，
款项、枪械、船只、车夫、挑夫无一充分备足！面对此等局
面，岂不令人痛心？！"也就是这一天，孙中山向全党发出
通告："因临时政府于善后会议不容纳人民团体代表正式
参与，故本党决议亦不参与该会议。"1925年2月3日上午

9时，孙中山下令出征。蒋介石出征时在常平火车站感叹："亲率三千子弟兵，鸥鹗未靖此东征。艰难革命成孤愤，挥剑长空涕泪横。"

这是一个值得人们记忆的瞬间，黄埔军校的学子们，从母校的操场奔赴硝烟弥漫的战场，从此走上中国历史舞台，同时，东征也拉开了帷幕。

（四）东进淡水

2月1日，粤军部队张民达师和许济旅从广州燕塘出发，沿广九路下石龙，肃清广九沿线陈炯明军的前锋。面对兵力众多但又一盘散沙之敌，张民达和叶剑英提出了猛进、猛攻、猛追、猛扑的"四猛"作战方针，率领全师官兵英勇奋战，于3日占石滩，4日克石龙。部队在东莞附近与陈炯明收编的土匪武装袁虾九作战，将其击溃后，于4日晚攻占东莞。

在整军待发之际，黄埔军校二期生也加入了东征右路军。黄埔军校于2月1日发布七项动员令，在北较场分校特别区部党员大会上，校长蒋介石亲自作激励二期同学之沉痛演说："总理这几年来受叛逆陈炯明的气，现在在北京病得要死。我们如果能把陈炯明打败，庶可为我们总理伸一口气，医好他的病。"第二期学生请缨杀贼，坚决表示："若不打倒陈炯明，我们誓死不回。"激昂之气，冲破云霄。大会遂决定第二期全体学生随军出发。2月2日，黄埔军校教导团也由黄埔出发，水陆并进，于3日抵达虎门。5日，军校本部行营进驻东莞县城。两军会师后，力量倍增，信心倍增。

2月6日，东莞商界举行欢迎革命军大会，到会的农工商学各界1000余人。蒋介石、周恩来等率军校部分队伍参加大会，并发表演讲。周恩来说：革命部队这次东征，是为解除人民痛苦而来，希望东莞人民与革命军通力合作，打败陈炯明叛军，以促革命成功。黄埔军校随军宣传队展开广泛宣传活动，同时散发了《告人民同胞》《告东江人民书》等大量宣传品，指出"陈炯明谄媚北军，勾结土匪，扰乱东江，使人民不能安居乐业。如果陈贼不除，东江战争永不能息。我们是打反叛，除奸贼，光明正大的军队，我们是保人民，安地方，公正和平的军队"。东征军还向人民广泛宣传部队实行不拉夫、不扰民、按价购物等政策。听众鼓掌欢呼，并发言称担心校军离去后，重遭劫掠，如果校军愿意常驻东莞地方，当地愿月助军饷万元。

陈炯明部原本多是编匪成军，战斗力较弱，至2月10日，右路军基本肃清了广九铁路沿线敌人，占领了平湖、深圳等地方。右路军继续向东前进，指向淡水。2月13日，驻淡水敌第五军熊略部于新圩地方阻击东进的革命军张民达师。双方激战数小时，敌军败退，东征军追至距淡水城仅3公里处。这场战役中，敌军旅长、团长各一人及士兵数百人被俘。第二天，张民达师进至淡水城下，黄埔军校教导团也进至淡水城外。

（五）淡水之战

淡水是惠阳县的要镇，北距惠州七十华里，为了保卫海疆，淡水自明代起就修建起了城墙，这里的城墙厚达1米、高4～6米，城墙上设有炮塔，有三层火力点。敌军为了防范粤军夜间袭击，在城墙高处装有照明设备。城之四周为洼地，近郊为土山，地势险要。当时，这里驻有陈炯明的守军三千余人。与此同时，敌洪兆麟得知革命军东进淡水，令驻在惠州、海丰等地的部队急速来援。2月14日，东征军开会讨论作战部署，蒋介石主张围而不攻，等待敌军投降。

为了赶在援敌到达之前拿下淡水，何应钦要求教导团立刻发起进攻。经过研究，确定黄埔军校部队由平湖、龙岗突击淡水南面，粤军自城西北、东北面进击。2月15日，黄埔军校部队等向淡水发起攻击。初出茅庐的黄埔学生，第一次真正意义上的战斗，就在淡水城外打响了。

在战场上，军校所学的一切似乎都变了样。子弹呼啸着从学生们的身边飞过，前一秒还在并肩向前的战友瞬间倒下，第一次直面战争的紧张、无措和心底的恐惧随着战友的倒下而缓缓占据脑海。冲锋到城下的士兵找不到梯子，梯子搭好后长度却够不到城墙，军官和士兵在相互寻找，进攻的战士忙着抢救伤员，情急之下，一位苏联军事顾问甚至从指挥所冲进阵地，朝着学生们大声喊话，希望能告诉他们正确的战术动作。就这样，整整一天，教导团一直没有组织起有效的进攻。

这一天的夜晚似乎特别漫长，气氛紧张得令人窒息，他们刚刚得到消息，原定同步前进的滇军和桂军一直按兵不动，学生军变成了孤军深入，据蒋介石当时的警卫员黄埔一期学生苏文钦回忆，当时，蒋介石甚至在研究作战地图时，失手碰翻了茶杯。

滇军和桂军消极观战，按兵不动，使东征右路军面临着更大的压力，黄埔学生本来就初次上阵，缺乏战斗经验，他们的前景难以预料。这个晚上，淡水城外的教导团阵地也静得可怕，血腥味混合着硝烟味弥散不去，出征时的慷慨激昂，行军路上的欢歌笑语，化为了死一般的沉寂。

晚间11时30分，蒋介石、廖仲恺在玉虚宫校本部发出翌日清晨攻克淡水命令，并发布"挑选奋勇队攻克淡水城令"，即挑选带头冲锋爬城墙的敢死队，军校官生争相报名。

奋勇队由军官10人（国民党员2人，共产党员8人）和士兵210人组成，再分成若干攻击组。周恩来亲自向他们做动员，勉励他们要不畏艰险，不怕牺牲，勇于以自己的一腔热血，去浇灌革命的主义之花。

15日凌晨5时，奋勇队在风雨交加中发起了进攻，冲锋发起不久，蔡光举不幸中弹，一期生蒋先云亲眼目睹了这一场面，他在《由前敌归来》中，这样记载："打淡水城时，同学身先士卒，扒城先登，不知道什么生死。同学李青，头打伤了，用自己的手巾裹着血头，仍奋勇登城。同学蔡光举，他打穿了肚子，我奉校长命去扶侍他，他只说：'先云！赶快为我医治，逆贼正待我们痛杀！'这种精神，亦是平时训练的结晶。"蒋先云是共产党员，在枪林弹雨下救护蔡光举，这是第一次大革命中，国共两党同志共同抗战、团结一致的典范。蔡光举、李青等重伤不下火线的精神极大地鼓舞了黄埔官生的士气，大家纷纷跃出战壕，奔向城墙。

战士们经过浴血奋战，并采用了当过消防队员的苏联顾问切列潘诺夫提出的"人梯法"爬城。奋勇队采用这种方法，人架着人，踩肩叠背，向墙头冲去，终于歼灭了城墙上的敌人。奋勇队人员伤亡过半，蒋光举阵亡，刘畴西断臂。教导团第一团战士当机立断首先从城东南冲入淡水城，教导团第二团及粤军各军也跟着从各个城门攻入。守城敌军见大势已去，乃向东门逃窜。正好粤军张民达师向东门赶来，与教导团内外夹攻，协同作战，乃将敌之熊韬旅长以下官兵1000多人尽皆俘虏，缴获大批武器和战利品。

黄昏时分，敌人增援淡水的部队已经到达城东，占领了高地。蒋介石本欲派教导团第二团驱逐这股敌人，不料团长王柏龄听到枪声而逃跑，该团一时无人指挥，于是派教导团第一团一营前往接应。蒋介石惊慌不已，下令撤退，自己跑到离城几公里远的破庙里隐蔽起来。许继慎和连长率领连队死守阵地，压制了敌人的进攻，又跳出战壕，指挥连队抢占高地。事有凑巧，教导团举的是红色军校校旗，敌方陈炯明部队的军旗也是红色的。站在高地上的敌人，看见淡水城方向来了一支举着红色军旗的队伍，误以为是从淡水城中退出来的自己队伍，于是一枪不放。

等教导团接近高地时，敌人已经来不及组织防守，立即纷纷后退。教导团第一团一营趁机追击，淡水增援之敌就这样被打退。

进城后为防范敌军反扑，各部都做好了警戒。教导团第二团团长王柏龄以为既已破城，便放松了警惕。在敌军反扑时，其他部队已投入战斗，王柏龄却找不到官兵，最后拉着一连的人去见蒋介石。蒋介石说："王团长，我是叫你当团长，不是叫你当连长。你怎么只带一连人来见我？"虽然王柏龄是蒋介石的结拜兄弟，在军中资格较老，还是被撤职，改由钱大钧任二团团长。教导团第二团第七连连长孙良在前线激战时，带头逃跑，被抓后还以为自己是蒋介石的表弟，可以求得免死。周恩来说："怯敌逃命，该当何罪？你身为黄埔军连长，罪更难饶。"最后，蒋介石坚决执行他制定的连坐法，大义灭亲，以临阵脱逃罪将孙良枪决。淡水一战涌现出许多不畏生死的英雄，但据统计，伤亡、失踪者600余人，可见在真正的战场上，也有胆小懦弱者。

2月16日，敌军再次反扑，又被革命军打败，退往平山。淡水之战获胜后，蒋介石致电北京向孙中山报捷。病中的孙中山深感欣慰，并命随员致电致贺。几十年后，叶剑英回忆起来说："淡水一仗打得很苦。"

革命军占领淡水城后，周恩来等在淡水召开军民联欢会，向各界群众宣传东征意义。宣传队也广泛开展宣传活动，散发《告东江人民书》等宣传品。在淡水之战中，黄埔军校教导团表现英勇，经受住了考验，彰显出革命军人的战斗力，博得了人们的赞扬。苏联顾问罗加觉夫也参加了淡水之战，目睹革命军奋不顾身、英勇杀敌的情景，十分感动，夸赞他们可"与苏联红军相媲美"。

（六）智取海丰

2月18日，许崇智与苏联顾问加伦将军等抵淡水，听取了淡水之战的报告后，决定由陈铭枢所率第一旅、欧阳驹所率警卫军驻防淡水，粤军其余部队和黄埔军继续向东进军。

此时敌军洪兆麟部据守平山，敌军练演雄部据稔山。2月20日，革命军进至洋塘围时，遇到洪兆麟部的顽抗。洪部向革命军发动猛烈冲锋，力图固守其地盘。但是革命军不怕牺牲，奋勇应战，打退敌军一次又一次的冲锋，并与敌军进行肉搏战。经过了三个小时的恶战，革命军终于击溃了敌军，从而占领了永湖与通湖一带。次日，革命军继续前进。教导团进至白芒花之后，张民达师则占领了平山。

由于右路粤军、黄埔军的节节胜利和大元帅府的一再催促，左路滇军范石生部从广州驱师东进，于2月17日占领了博罗。而在此时，云南军阀唐继尧发兵东下，入侵广东。滇军范石生部便借口奉命"拒唐"，又自动放弃了博罗，将

唐继尧

军队拉回广州，再经肇庆转调广西去了。而中路桂军进至惠州城外飞鹅岭后，便按兵不动，不肯对惠州之敌发动进攻，抱坐山观虎斗态度。而刘震寰本人此时却秘密赴滇，与唐继尧密商勾结。因此，东征讨陈重任，此时完全落在粤军及黄埔军身上了。

2月23日，东征军总指挥部在白芒花召开军事会议，众人意见不一。

一种意见主张部队掉头北上，攻打惠州，认为如攻下了惠州，东江军事问题就可以迎刃而解。但大部分与会者不同意这一意见，认为以革命军现有的力量难以攻克惠州；何况敌军洪兆麟部正盘踞于三多祝一带，近在咫尺，对革命军威胁很大，更应以主力对付当前之敌。另一种意见是绕过惠州，继续东进。苏联顾问加伦也主张让桂军继续监视惠州，而粤军和黄埔军可暂置惠州于不顾，继续东进。这两种意见

针锋相对，会议围绕这个话题从早上争论到中午。主张先打惠州的人认为惠州为东江支撑点，拿下惠州，则东江一带的问题便可迎刃而解。相反，以张民达为代表的粤军军官，则极力反对先打惠州，提出了暂时监视、围困惠州，以主力直取潮汕的作战方案。蒋介石主张：若要攻克潮汕，必须先打惠州，若不先打惠州，惠州之敌必倾巢而出，击我之背，陷我于首尾应敌的境地；我军先打惠州，就可以除去东征后顾之忧。总司令许崇智听了双方的争论和苏联顾问加伦的意见，考虑到左、中翼滇桂军虽挂"免战牌"，惠州仍处在滇桂军围困监视状态。会议最后决定部队继续东进，指向海丰和陆丰，并作出具体部署。兵分三路，命张民达率二师、七旅进攻三多祝的洪兆麟部；蒋介石则率黄埔军绕过三多祝，继续东进，挺进海丰，进攻叶举部。

三多祝由敌方洪兆麟部据守着。三多祝前面有一片丘陵地带，地名叫破崩岗，敌军在那里构筑了强固的防御工事。后面有一名叫猪兜岭的山岭，敌军在那里布有炮兵阵地。岭上有一个1000多米高的牛皮嶂，敌军亦在那里布防了一批兵力。就敌部的防御工事来看，强攻难以取胜，即使成功，损失也大，因此，应当以奇兵智取。

粤军三旅张和团奉命执行奇袭敌军的任务。在一些熟悉当地情况的人指引下，张和团派出精兵绕道秘密进入牛皮嶂山脚，入夜时再爬上制高点。第二天早上，占领制高点的革命军按原定计划，出其不意，从山上猛攻下来。敌军突然遭遇袭击，惊慌失措，抵抗不住，纷纷向山下败退。张民达、莫雄指挥部队全线出击，前后夹击，歼灭了部分敌人，并迅速地占领了洪兆麟的指挥部。敌军无法组织抵抗，向海丰方向狼狈溃退。革命军紧追不舍，逼近海丰。与此同时，黄埔军由白芒花出发，绕过三多祝，经赤石、梅陇等地迂回前进，指向海丰。

2月27日，在海丰农会的支援配合下，粤军和黄埔军攻占了海丰县城。海丰是陈炯明经营多年的老窝。黎元洪以总统名义授他"定威将军"的封号以后，他便在海丰县城南修建了一座十分气派的"将军府"。27日，粤军第二师入城后，师部进驻"将军府"。在军阀统治下，曾一度蓬勃发展的海丰农民运动受到了严重摧残。革命军攻占海丰后，对于海丰农民运动的恢复和发展，起到了重要的配合作用。连日来，革命军与海丰各界群众举行了一系列联欢等活动，谭平山、彭湃、周恩来等出席了联欢大会并发表演说，宣布恢复被解散两年多的海丰农民协会，海丰到处是一片喜气洋洋的景象。东征军行军所到之地军民齐唱："打倒列强，打倒列强，除军阀，除军阀，国民革命成功，国民革命成功，齐欢唱！齐欢唱！"

（七）棉湖之战

革命军攻占海丰后，许崇智、蒋介石等主要将领和加伦将军等研究制订了继续东进、三路进攻潮汕的军事计划。决定由粤军第七旅和黄埔军教导团为左路，沿海丰、公平、河婆、棉湖、普宁一线进军；由粤军第二师一部为中路，沿陆丰、葵潭、普宁、揭阳、惠来和潮阳一线进军；追击敌军主力由粤军另一部为右路，从汕尾乘船，向汕头进军。陈铭枢旅及欧阳驹旅则从淡水、平山调驻海丰、陆丰一带。

3月3日，左路的粤军第七旅与黄埔军按既定路线进军，在车陂、花鼓岩一带与敌军李云复、钟绍部8000人交战。因敌众我寡，革命军一时处于劣势。正危急时，附近农民协会发动的大批农民突然手持各种武器和农具赶来助战，声势大壮。敌军前后受击，顿处劣势，抵挡不住，乃向普宁方向溃退。革命军紧追不舍，于3月4日占领普宁，5日占领揭阳，6日再占领潮安。

中路军张民达部从海丰出发后，沿陆丰、葵潭进军，于3月6日占领潮阳。建国潮梅军第一路司令周潜率部于潮阳附近起义，与革命军互相配合，阻击逃敌。3月7日，张民达部逼近汕头。当时，陈炯明乘军舰"海筹"号正停在汕头海面。当张民达师临近汕头市，陈炯明见大势已去，只好于7日乘军舰"海筹"号离开汕头，驶往厦门。洪兆麟的残部沿韩江向北逃往大埔等地。

黄埔军政治工作人员在周恩来率领下，沿左路进军。他们于3月4日抵河婆，5日至普宁洪阳，6日至揭阳。7日，张民达师进入汕头后，周恩来亦派遣一部分政治工作人员进入汕头，配合进行政治宣传工作。3月8日，汕头市各界人士召开善后会议，热烈欢迎革命军抵汕。3月12日，汕头市政府成立，骆凤翔被选为市长。至此，潮汕一带均为革命军所控制。

就在黄埔学生军一路东进之时，早有野心的滇军和桂军，不但未按原定计划发起进攻，反而退回了广州，致使陈炯明的前敌总指挥林虎，能够有机会从容集结主力两万多人，从背后向学生军包抄而来，这让教导团一个多月以来长驱直入的胜利变成了孤悬在外的险境。

林虎得悉叶举、洪兆麟部溃败后，当即调集兵力于河婆、鲤湖和棉湖一带，企图一举消灭东征革命军，进而称霸广东。此时北洋军阀吴佩孚也已默许保他当广东督军。

1925年3月，一场决定学生军生死存亡的大战，在棉湖打响。

针对林虎等部队的举动，革命军作出了进攻林军的部署，由黄埔军教导团第一团（何应钦）任正面进攻；第二团（钱大钧）为左路，粤军第七旅（许济）为右路，运用正面突破与迂回袭击相结合的战术，打击敌军。

3月12日，黄埔军出发。13日凌晨，教导团第一团在何应钦率领下，于棉湖地方与林虎军接触。何团兵力1000余人，而林军兵力却达2万人，双方力量对比悬殊。

东征军兵分两路，由蒋介石、何应钦，率领教导一团1000余人正面迎战林虎，教导团第二团则在团长钱大钧的带领下绕道寻找敌人的侧翼。

上午8时，战斗在大工山脚下打响，教导团第一团首先向对面的敌人发起了冲锋，还未等学生军靠近山脚，林虎就向部队下达了反攻的命令，林虎部队从高处往下冲，黄埔军士气高昂。

两军激战两小时后，上午10时，林虎开始调动更多的兵力向教导团指挥部发起进攻，教导团第一团只好由进攻改为防守，第一营营长顾祝同，第二营营长蒋鼎文率领部队死守阵地，艰难支撑，第一营的九位排长中，有六位先后阵亡。

而左翼钱大钧团却因所持地图标位欠准确，通讯又失灵，因而与教导团第一团联系不上，没能如期赶到投入战斗。右路许济旅也一时与教导团失去了联络，情况不明。这样一来，只有何应钦团孤军与敌军作拼死战斗。何应钦一面命士兵多插旗帜，以作疑兵，又命陈诚用大炮抓紧轰击，扩大声势。而此战具有重要意义，其成败对整个战局有重大影响，因此蒋介石严令何应钦一定要坚决抵抗，不准后退。加伦将军为此也亲上战场，协助指挥作战。

面对人数众多、气势汹汹的敌人，何应钦命令第一营任前锋，第二营为后卫，第三营为侧翼，学生连担当警卫，在王厝仔一带监视敌人动向。由于敌军来势凶猛，战斗一开始，教导团便处于劣势。但教导团将士们抱着不怕牺牲、勇往直前的决心，浴血奋战。一些人倒下来了，后面的人立即又接上，坚守阵地，誓死不让。

第一营第三连党代表刘畴西（共产党员）身先士卒，英勇杀敌，但他的左臂不幸中弹，血流如注。战士们劝他退下火线，他坚决不肯离开，高声呼喊："革命军不怕死，努力前进！"战斗结束后，他的左臂被截去了，被称为"独臂英雄"。

双方对峙了几个小时，敌军不断发动进攻。教导团伤亡不断增加，处境越来越险恶。

　　随着学生军的战线越拉越长，一股敌军趁隙而入，冲到了离指挥所只有200米的地方，危急时刻，炮兵连长陈诚用曲射山炮对近在咫尺的敌军做直接瞄准射击，连开三炮，击溃了冲向指挥所的敌军。

　　此时，教导团第二团长钱大钧带领部队赶到了原定计划中敌人侧翼的位置，然而他们惊讶地发现，这里的敌人全无踪影，是原地待命还是主动去支援正在激战中的第一团？多变的战场，把这个难题抛给了学生军。当时教导团第二团的学生们看到第一团的阵地枪声如此激烈，主动请战，团长钱大钧坚持要等待上级命令，而第二营的营长刘尧宸当场大发脾气，坚持主动支援第一团，最后教导团第二团决定支援第一团。

　　此时的第一团正面临着巨大的压力，午时11点，三个小时的胶着后，林虎集中更多优势兵力，向第一团猛扑，战事的残酷不断升级。黄埔教官第三营张琰（共产党员），一期生副营长杨厚卿、连长胡仕勋、余海滨等相继阵亡。380人的第三营只剩下111人。

　　此时，刘尧宸所在的教导团第二团，却陷在粤东山区错综复杂的小径之中，地图不准和语言不通，让刘尧宸心急如焚，就在这艰难的时刻，下午两点，指挥部收到来自北京的消息，当天上午9时30分，孙中山在北京逝世。为了不影响士气，这个消息没有立即公布。

下午四点，战斗已经持续了整整八个小时，叱咤疆场几十年的林虎从未遇到过一支这样强硬的部队，面对区区1000多人的学生军，自己两万多久经战场的精兵却始终无法击败对手。林虎不知道的是，他的对手，这时几乎伤亡殆尽，阵地已经开始动摇，就在这千钧一发的时刻，刘尧宸所在的教导团第二团从鲤湖赶到了，他们突然出现在林虎指挥所的后方，刘尧宸率领第二营杀入战场，教导团第二团其他官兵紧随其后，林虎的部队因遭受到突然袭击而瞬间崩溃。下午五点，此次战役结束。这一刻，是陈炯明军事生涯的落幕之时，也是黄埔军，一支新式军队在21世纪中国历史舞台上的崛起之始。

此战，教导团虽伤亡严重，"此役战斗之激烈，为近年战争所罕见，敌军死尸千余具，伤者二千余"。东征军共死伤400余人，除击退敌军并缴获大量武器和物资外，还俘虏了敌团长黄济中等人。蒋介石对此次棉湖之战的重要性有过论述："棉湖一役，以教导第一团，御万余精干之敌，其危实甚，万一惨败，不惟总理手创之党军尽歼，广东策源地亦不保。"棉湖之战是东征革命军继淡水之战后取得的又一胜利，是第一次东征中最大的一次战役。苏联顾问加伦将军曾赞扬："昨天棉湖一战的成绩，不独在中国所少见，在世界上也是少有的。由此我可以告诉我们国内的同志，中国革命可以成功，一定可以胜利，因为教导第一团能如此奋斗。"

（八）勇夺华城

棉湖之战后，革命军兵分两路作战。其部署为：粤军许济旅进攻汤坑、鲦隍，配合张民达师沿韩江进攻敌军；粤军陈铭枢旅和欧阳驹旅归蒋介石统一指挥，连同教导团第一、二团一道，进攻五华、兴宁之敌。

这一地区原定由滇军杨希闵部负责出兵讨伐，但因杨部坐山观虎斗，一直按兵不动，后来便由黄埔军和粤军负责。

3月16日，黄埔军由河婆出发，第二天攻占安流。沿途群众争相为革命军引路和配合歼灭敌军，因此革命军进军顺利，至3月18日已抵五华县城附近。城内敌军头目饮酒作乐，醉生梦死，浑然不知革命军已兵临城下。

当晚，何应钦召集各营、连长及党代表开会，研究攻城之法。有人提出仍然采用攻打淡水的方法，架设云梯攻城。但有人不同意这一意见，认为可靠智取。最后何应钦决定采用后者意见，随即派李之龙、彭千臣等人执行。

他们利用俘虏假扮成敌军模样，大摇大摆地跑到华城城下。城上守敌喝问是什么人，从哪里来？李之龙等回答说"是自己人，从兴宁来运弹药的"。城上守敌信以为真，打开了城门。他们便乘机一拥而入，从而占领了华城，敌军从东北门夺门而出。黄埔军《本部东征日记》详细记述了智取华城的经过："三月十八日……敌军刘志陆部未向五华退，故我迫近五华。驻该城之敌仍未探觉，其连哨刚出城即被缴械，并利用俘虏假称回城运弹叫开城门，我军遂一拥而入，计缴敌械数百，机枪多挺，子弹辎重无算。因林逆总部行营尚在该地，故也俘虏敌人数百，其参谋长、军需副官十余人皆被擒。"当时据守兴宁的林虎听到消息，急派一支部队连夜赶往五华。但当其部队赶到华城时，华城已在两三个小时前落入革命军手中。周恩来进驻华城之后，安置在县立一中后栋26号房，也就是今天的五华中学，如今五华中学有一校门上的"五华中学"四个字就是周恩来书写的。周恩来不日就开始向群众宣传革命，签发了《黄埔军校布告》："我军奉命东征，实为讨贼救民，父老苦秦久矣，不得已而用兵，所到秋毫无犯，所过鸡犬不惊；学生（东征）军所到之处，箪食壶浆为迎；党军讨贼勇敢，与民相见以诚；希各安居乐业，指望东征安宁。"他离开时还留下来一批学生，帮助新县长组织农会、工会等。

由于林虎主力集结在兴宁，为了不给敌军以喘息机会，革命军随即向兴宁挺进。抵兴宁后，指挥所设于兴宁城外五里事（又称"接官厅"）处。

经研究，攻城部署为：教导团第二团（团长钱大钧）位于西门和南门；陈铭枢旅第一团（团长张发奎）位于神光山；陈旅第二团（团长蒋光鼐）位于南济桥。原计划是强攻硬打，争取于3月19日攻占兴宁城。但林虎命令其部队作殊死抵抗。双方激战了一整天，兴宁依然掌握在林虎手中。

第二天，林虎手下黄业兴部奉命从水口方向赶来增援。革命军处于劣势。陈铭枢向蒋介石建议改变战略，应当"远其强而攻其弱，避其众而攻其寡，攻其一点，务求必胜"。蒋介石接纳了陈铭枢的意见，决定集中力量先打驻神光山之敌，并由陈铭枢率部执行。

陈铭枢接受任务后，命令张发奎率领第一团担任主攻神光山，蒋光鼐率领第二团攻打南济桥。在张发奎指挥下，第一团官兵英勇作战，前仆后继，对神光山之敌一再发起冲锋。

经过恶战，敌黄业兴部抵挡不住，放弃神光山溃逃。这一战，第一团缴获大批武器辎重，俘敌官兵数百名。

　　蒋光鼐指挥第二团攻打南济桥，与敌李易标部隔河作战。张发奎占领神光山后，蒋光鼐乘着敌军动摇的时机，立即指挥部队涉水过河进攻敌军。李易标部面对气势如虹的革命军，抵挡不住，丢下南济桥，溃退而去。

　　神光山、南济桥之战胜利，敌军被击溃后，兴宁城就无险可守，变成了一座孤城。兴宁一带的人民群众长期饱受军阀们的蹂躏，处于水深火热之中，盼望解放。他们目睹革命军节节胜利，无比振奋。不少老百姓主动协助革命军杀敌，甚至将桐油偷偷地倒进敌军的粥锅里，使敌军兵士们吃后丧失战斗力。

　　林虎躲在城内，如坐针毡，料想已经无法维持局面，于是，在革命军攻城之前弃城逃走。其手下更如丧家之犬，纷纷离城逃遁。跑不掉的，便成为俘虏。3月20日，兴宁便由革命军接管。黄埔军《本部东征日记》记述："三月廿日……教导团第一旅迫兴宁，与敌激战，缴敌枪千余，俘虏营长五人、团长一人、士兵千余人，击毙敌营连长数人。"

　　与此同时，张民达师进攻潮州，牵制敌军，以配合黄埔军在兴宁、五华的军事行动。革命军攻占兴宁后，在这里举行了孙中山的追悼会。此前为了不影响士气，胡汉民决定暂时封锁孙中山去世消息，直至东征军占领兴宁才告知革命军。追悼会由蒋介石主祭，他向黄埔教导团官兵发表了"如何上慰总理在天之灵"的训词："我们自黄埔出发，到了兴宁，走了千余里的路，打了很多的大仗，激战非常勇敢，非常耐苦，这是何等精神！还要知道我们保护人民，就是实行主义。即使总理在此看见这样的情景，一定非常欣喜。但是现在总理虽死，他的灵魂在上，也是可以非常欣慰的，他的灵魂一定会来保护我们的。只要我们能努力奋斗，总可以不负我们总理的一番苦心。"蒋介石还带领全体官兵宣誓："我陆军军官学校全体党员，敬遵总理遗嘱，继承总理之志，实行国民革命，至死不渝。谨誓！"张师即挥戈北上，于24日占领了梅县县城。接着，革命军各部分别进攻焦岭、大埔、平远一带。洪兆麟残部抵挡不住，往福建边境逃窜；林虎残部则遁入江西境内。到3月底，潮、梅全境都被革命军攻占。

盘踞惠州的敌军杨坤如部，得知林、洪叛军大败，革命军在潮梅地区获得全胜之后，军心浮动。廖仲恺派孙子香化装潜入惠州城内，劝骆凤翔弃暗投明，骆凤翔分析局势加上孙子香的劝告，以参谋长兼第一旅旅长的身份召集各旅长秘密会谈，决定通电杨坤如下野。杨坤如部下骆凤翔宣告起义，与杨坤如划清界线。杨见大势已去，无法再作抵抗，只好被迫献出惠州。1925年4月19日，杨坤如发表离职通电：

> 北京执政府，各部总长，各省督理省长，厦门陈总司令竞存、叶总指挥若卿、洪副总指挥湘臣、赣州林总指挥隐青均鉴；各军师旅长各报馆鉴：坤如忝撑军符，毫无建白。惠州被围持续三月，坚守待援，支持危局，苦心孤诣，力竭声嘶。现因精力已疲，考虑或有不周之处。与其坚持到底，徒苦商民，不若抛弃主惠，洁身而去。经于四月十九日宣言离职，退处平民，特此奉闻。杨坤如叩。

第二日，骆凤翔负责惠州治安，打开城门迎接东征军。就这样，惠州城经过流血战斗后被革命军接管。当时惠州张贴了安民布告："惠州底定，粤局统一。欢腾钦至，与民休息。"从2月1日开始的第一次东征，至此取得了重大的胜利而结束。据统计，第一次东征总计获得的战利品：步枪1.3万支左右，机枪110挺，大炮36门，子弹800万发，炮弹1500发。正是依靠这批战利品，黄埔教导团扩编为党军，随后成立了教导团第三团、第四团、第五团。

四 第二次东征

为了彻底消灭军阀陈炯明的残余，统一广东革命根据地，1925年10月1日，国民革命军举行第二次东征。这次东征，在省港罢工工人和东江农民的支持下，革命军很快攻克惠州，收复了潮汕两地，为统一广东革命根据地奠定局面。

（一）改组政府

平定杨、刘叛乱后，在中国共产党提议和倡导下，广东革命根据地原称为"大元帅府"的革命政府改组为"国民政府"，中华民国第一届国民政府于1925年7月1日在广州成立，史称"广州国民政府"。广州国民政府宣布它的职责是，履行孙中山先生遗嘱，对外废除不平等条约，消灭帝国主义势力；对内开展国民革命运动，消灭军阀势力。国民政府采用委员制取代大元帅府的一长制，汪精卫、胡汉民、廖仲恺、张静江等16人为委员。汪精卫、胡汉民、谭延闿、许崇智、林森为常务委员。汪精卫任国民政府主席，下设财政、军事、外交等部，实现了军政、民政和财政的统一。

广州国民政府以黄埔军校教导团为基础，成立了国民革命军第一军，周恩来担任第一军的政治部主任。随后，又将湘、滇、粤、闽各军改编为国民革命军第二军、第三军、第四军、第五军。程潜领导的攻鄂军与豫军、赣军等部也先后奉调回广东。

革命年代最核心的工作是军事。在广州国民政府时期，军事部并无重要地位。在军事上拥有重要职权的是军事委员会，由中国国民党中央委员会领导。国民政府成立后，国民党中央执行委员会于1925年7月3日决定任命汪精卫、胡汉民、伍朝枢、廖仲恺、朱培德、谭延闿、许崇智、蒋介石为军事委员会委员，汪精卫为军事委员会主席。7月5日，公布的《中华民国国民政府军事委员会组织法》规定，军事委员会受国民党中央委员会的领导，军事委员会委员由国民党中央执行委员会选任。军事委员会下设政治训练部、参谋团、海军局、航空局、军需局、秘书厅等机构。

（二）卷土重来

1925年5月，第一次东征部队由潮梅地区回师广州。6月，省港大罢工爆发，港英当局采取"以华制华"的手段，收买军阀，赞助了陈炯明部队。叛军陈炯明部在第一次东征被击溃后，即退匿闽边，后来从香港英帝国主义殖民政府那里得到援助（据传，枪支一万多支、子弹数百万发和大量现款），并得到段祺瑞政府给予的军饷三十万元。他们乘着黄埔军队撤出东江、回师广州平乱和驻惠州的滇军被改编、撤离惠州的时候，又乘隙卷土重来，占据梅县、潮汕、惠州等地乃至整个东江地区，并集精重兵于惠州，以惠州等为基地，企图夺取广州。同年9月初，陈炯明残部洪兆麟等重新回到潮梅地区。9月1日，陈炯明兵分三路，分别由林虎、洪兆麟、叶举指挥，先后侵占东江一带。9月16日，陈炯明本人由上海抵达香港，部署全面向广州进攻。驻广州附近的一些原东征部队先后叛变，而盘踞在广东南部的军阀邓本殷部也配合陈炯明的进攻，在英帝国主义和北方军阀的支持下，分左、中、右、侧四路，形成对广州的夹击之势，企图推翻广州国民政府。

（三）再次出征

为了彻底消灭广东境内反动军阀势力，统一广东全境，巩固革命根据地，广州国民政府于1925年10月1日举行第二次东征，讨伐陈炯明。1925年10月5日，东征军从广州正式出发，将东征《安民布告》贴满在行军路上，布告提到"陈贼炯明，丧心病狂。阴结英番，甘作虎伥。卖国殃民，逆迹昭彰。凡我国民，挞伐宜张。本军奉命，东征逆党。救我民众，卫尔梓桑。民族民权，民声主张。国民革命，农工学商。军行所至，纪律堂皇。劝我父老，切勿惊慌"。此次东征蒋介石任东征军总指挥，汪精卫任东征军党代表，周恩来任东征军总政治部主任兼第一军党代表，苏联顾问加伦将军随军行动。广州国民政府发表《东征宣言》："政府此次出兵东征，其第一义即为统一广东，完成人民日夕要求的廉洁政府；其第二义即扫除陈逆炯明间接以推倒帝国主义，完成孙大元帅为求国家独立平等之遗言。"此前，广州国民政府将所辖军队统一改编为国民革命军。黄埔军校部队和部分粤军编入第一军。此次东征军事安排分为中、右、左三路挺进。一共三个纵队，三万余人。国民革命军第一军为第一纵队，担任中路，纵队长何应钦；国民革命军第四军为第二纵队，担任右翼，纵队长李济深；攻鄂军和豫、赣、潮梅各军组成（后被改编为国民革命军第六军）为第三纵队，担任左翼，纵队长程潜。

整个东江地区一直是陈炯明、林虎等军阀势力盘踞多年的老巢，他们同香港的帝国主义势力有着千丝万缕的联系。据东征军参谋团邓演存等四人当时所写的《东征参战报告》记载，由于陈炯明叛军久驻东江，对于广州国民政府及国民革命军采取了大量"极端之诬捏"的宣传，使当地民众中的很多人对东征军"深信谣言，咸怀疑虑"，以致"当东征军开抵石龙等处，各界民众（尤其是商民）多相率逃避，使我军出发需要之伕役，及各种物品，均无从雇用"。因此，对东江地区的军民宣传极为重要，这也是发展东江地区工农运动的绝好时机。

黄埔二期生已于1925年9月毕业，大都分配至国民革命军担任骨干，此时都参加了东征部队。10月间，刚到校的黄埔四期入伍生，奉命驻防惠州，也参加了第二次东征。根据黄埔军校部队第一次东征时的经验，这次东征军组织了一个强大的政治宣传队，由东征军总政治部统率，负责对敌、对我、对人民三个方面的宣传工作。出征前，周恩来亲自组织东征军政治部宣传队总队，宣传广州国民政府的政策以及此次东征的意义，发动民众支援东征。东征军政治部在周恩来领导下，组织了200多人的政治宣传队伍，制定了《战时政治宣传大纲》《政治设施方案》等宣传资料，成立社会运动科，随大军所到之处，军队做到"十不怕"（不怕死，不怕穷，不怕冻，不怕痛，不怕热，不怕饥，不怕疲，不怕远，不怕重，不怕险），纠正了军队中的一些陋习，帮助开展了工农运动和党务工作。东征军全体军官人手一册《重征东江训诫》，主要内容有："军人最后目的，是在于死。古语所谓'好汉死在阵头上'；孔子所谓'杀身成仁'是也。"革命军此次出征的口号是：不要钱，不要命，爱国家，爱百姓。当时曾出现《爱民歌》："莫走人家取门板，莫拆民房搬砖石，莫踹禾苗坏田产，莫打民间鸭和鸡。"这都塑造了东征军军纪严明的军队形象，使之深受百姓信任。

第二次东征也是蒋介石第一次担任全部军事指挥，他在回忆时曾感叹"如此良夜而佳兴索然，党国危难，推吾一身当之，小子可不自勉！"就是此次征战奠定了他最高军事首领的基础。

1925年10月1日起，东征军陆续出发，出广州，向博罗、惠州前进。这一次东征还得到东江和潮梅农军的响应和支援。10月7日，东征军攻破博罗，在博罗，蒋介石召集各将领谋划进攻惠州事宜。会议决定由第一军何应钦师负责主攻。10月10日，第一纵队到达博罗、惠阳地区。与此同时，第二纵队也进抵官桥、永湖一带，第三纵队到达博罗附近。

（四）惠州之战

10月13日，东征军兵临惠州城下。惠州战斗，是第二次东征整个战役中的硬仗，也是此次东征能否取得胜利的关键。惠州分东、西两城，高大坚固，号称"东江天险""南中国第一险"。东城外有一条8米宽、4米深的城壕，西城三面环水，一面壕沟。西门面临西湖，只有一条窄路通到城脚，窄路的两边都是很深的湖水。北门地形比西门好一点，但也要通过北门桥，由桥下徒涉，才能逼近城垣。城墙外侧都以大石块砌成，城门上设有瞭望塔。惠州是一座易守难攻的战略要塞，在过去历次战争中，从未被攻破过。惠州有一首民谣："铁链锁孤州，飞鹅水上浮；任凭天下乱，此地永无忧。"人们以此形容惠州"天险"的军事位置。第一次东征时，东征军绕过惠州城，直奔潮汕。当时驻守惠州的杨坤如部曾表示归顺革命政府，但当陈炯明重占东江后又反叛，并修筑防御工事，加紧备战，将城郊的民房和西湖的景物夷为平地，砍光城墙附近的树木，布满竹栅等障碍物，城墙上备足石灰包，架起机枪。晚上，就点燃火把，照亮城外。

陈炯明的全部兵力几乎都集中在惠州地区，企图利用惠州险要进行顽抗，折损革命军兵力以后，再反守为攻，一举歼灭革命军。

10月13日，东征军到达惠州城郊飞鹅岭山脚下，集结待命。飞鹅岭四面环山，地势险要，易守难攻。上午9时，开始攻城，蒋介石亲至飞鹅岭炮兵阵地指挥炮兵射击。随后

东征军的野炮、山炮、机枪猛烈射击北门，枪炮声密集，此
起彼伏。先发起攻击的第一军攻打的是惠州城北门和西门。

战斗前夕，第一军专门组织了敢死队，第三师各团各选士
兵150名，第二师第四团挑选士兵200名，共650名，"所有
先锋队队员每名犒赏三十元，再先登城者，得头等奖洋一百
元"。激战中，攻城部队伤亡惨重。敢死队员在机枪的掩
护下向城墙冲去，一个个倒在前进的路上，铺垫出总攻击的
血路。到13日下午1时，北门的城楼和城墙已被东征军炮火
轰毁多处。下午3时，担负主攻北门的第四团步兵在团长刘
尧宸的率领下，先后两次组织进攻，用登城竹梯冲到了城墙
脚下。此时，革命军已牺牲300多人，一线军官几乎伤亡殆
尽。团长刘尧宸亲自带着四团仅剩的人马，向城墙扑去，可
惜此时敌军守城火力仍然强势，刘尧宸团长随后牺牲。刘尧
宸重伤倒地后，陈明仁等几名敢死队队员冒着枪林弹雨把他
抬了回来。刘尧宸微笑看着他最得意的学生，闭上了眼睛。

师长何应钦命四团撤出战斗，主攻任务由第七、八团来接
替。第四团三营三连连长陈明仁激动地说："不，我们不下
去！我们要为刘教官报仇！"陈明仁走到何应钦面前，行军
礼，手掌在帽檐停留十几秒，他的身后肃立着第四团仅剩的
300多名壮士。何应钦为之动容，下令："我命令，黄埔第

四团第一营、第二营，由陈明仁连长代理指挥，原地休整，随时准备参加下次攻城！"陈明仁随即听命转身集结剩余部队。

惠州城被攻陷的朝京门

惠州之战一开始的失利是一个战术问题。这也说明蒋介石缺乏战术知识（他不懂战术，在抗日战争中表现得很明显），不懂得步兵、炮兵协同作战的原则，只凭主观冲动行事。炮兵营长陈诚也不懂炮兵战术，不向蒋介石提出合理的建议，只知一味盲目地顺从。

当攻城战开始时，苏联顾问曾建议先用炮兵施行重点的面积射击，摧毁敌人设在城墙上的重机关枪阵地并打开一处城墙缺口，给步兵开辟进城之路或者掩护步兵接近城脚，然后实行爬城攻进城去。

但蒋介石拒绝接受苏联顾问的意见，说是没有这么多炮弹，认为想用炮弹去打垮城墙是绝对办不到的，并且举出淡水战役之例来证明他的观点。因此，蒋介石叫陈诚按照攻淡水时的战法使用炮兵，多打城内的目标，尽可能地制压攻城地点城墙上的敌人火力。叛军凭借着坚固的城墙顽固抵抗，蒋介石的部署没有成功。惠州久攻不下，影响了士气，退却的心理也影响了士兵的战斗力。蒋介石心生动摇，这时周恩来坚持说："不行，改变战术才能克敌制胜，否则，前功尽弃。"蒋介石经过了重大牺牲、惨痛教训，才重新考虑周恩来与苏联顾问的建议，改变了炮兵的使用方法，下达了以下命令：

1. 各攻城部队，务于本日（13日）12时到达距城最近之地；攻北门部队，须先到北门小桥（今拱北桥）之北岸。

2. 每连携带竹梯六架，每架用六至十人。

3. 各连之竹梯于攻击开始前，须排成疏开队形。

4. 午后3时全线务必在炮火骤停，同时前进，不许稍后。

5. 炮兵应于下午2时开始猛击北门。

6. 第一线与第二线距离，务宜缩小。

7. 攻入北门后，第一团须向城之北半部搜索前进，第三团须向城之南半部搜索前进。

对于攻城的炮兵，早在前一天晚上，陈诚在炮兵营外抓住了一名可疑人员，经讯问，得知是敌军侦察人员，陈诚遂以酒饭招待，晓以大义，劝其戴罪立功，终使该员弃暗投明，提供了位于北门城楼旁边小棚的机枪阵地位置。这一机枪阵地利用城楼掩蔽，既不易被发现，更不易被击中，所以白天部队久攻不克。到14日12时，陈诚根据敌军侦察人员提供的情报，将全连火炮推至离城四五百米处，瞄准敌人城楼旁的隐蔽机枪阵地。

14日下午2时，炮兵集中火力射击北门，果然摧毁了重机枪阵地，并且打开了一处城墙缺口。革命军终于能接近城墙，爬城，占领城墙阵地，向城内射击，并从被打开的口冲进城去扩大战果。共产党员陈赓在担负攻城任务的第四团当连长，首先率领部队攻上城头。敌人子弹打中他的右脚，他忍着伤痛继续冲杀。浴血奋战到第二天傍晚，终于全歼陈炯明精锐的守城部队。蒋介石看中作战勇敢的陈赓，后来下令调他的连队到总指挥部担负警卫任务。攻城部队冲进城后，紧接着就命令总预备队派一个团迅速入城，经过剧烈的巷战，才把城内敌军全部歼灭。因为惠州城四面被包围，敌人除死伤以外全部被俘，他们无法逃跑。10月14日下午4时，东征军完全攻克陈炯明的老巢惠州。前文所提的陈明仁成为第一个登上城墙的勇士。战役结束的第三天，全体官兵集合召开庆功大会。蒋介石亲发口令，三次吹号向陈明仁致敬，还亲自带头呼口号："向陈明仁看齐！"南京军事博物馆有一幅大型的油画，既画了陈明仁率先登城的场面，也画了蒋介石临阵督战的情景。此次战役最终以死伤400多人的代价攻陷惠州，结束了惠州自建城以来未曾被攻破的历史。10月16日，入城的革命军在惠州第一公园举行追悼大会。周恩来在演讲时指出："今天是我们很悲痛的日子。我们的悲痛拿什么来安慰？我们只有努力继续已死同志未做的工作，才是我们最后的成功。"同时他指出，廖仲恺是惠州人，很早就认识到惠州的重要战略地位，夺取惠州是廖仲恺的心愿，"我们现在已把惠州攻下了，庶可以慰廖先生在天之灵，我们也可改惠州为仲恺城"。追悼会后，周恩来将跟随他负责宣传工作的肖隽英留在惠州负责开展工农群众运动，周恩来对他说："惠州是个战略要地，需要发展我们党的组织和开展工农群众运动，你是客家人，语言能与当地群众相通，留下你在这里开展工作较为适合，以后广东区委将会派人与你联系和指导工作。"这样就开创了中国共产党在惠州活动的历史。

（五）横扫溃军

10月17日，周恩来、何应钦率领第一纵队第一师、第二师、独立师从惠州出发，乘胜追击，扫荡溃兵。惠州之役是国民革命军第二次东征中的一次关键战役，在整个东征战役中起着决定性的作用。

《黄埔东江烈士墓碑》记载："十三日，令总攻击，炮射惠城，皆中要隘。敌以机关枪扫射，先锋迫城者死伤枕藉。第四团长刘尧宸中将竟中弹亡，士兵抱痛愈奋。十四日，炮向北门及左右侧防御机关猛烈射击，掩护冲锋者前进，众乘势倚梯，肉薄以登，前仆后继。而飞鹅岭纵队同时夹攻，至是敌势不支，纷纷东遁。而海丰、陆丰、河源、紫金、老隆，凡入潮梅要冲，次第悉平……古所称天险惠城，三年攻之不足，一日陷之有余。昔何其难，今何其易欤？"

革命军占领了惠州，歼灭了敌人的主力，尔后整个东江的收复也就没有较大的战斗了。

惠州之役，双方伤亡惨重，在革命军方面，第四团团长刘尧宸阵亡，营长以下全部干部几乎伤亡殆尽，除勤杂炊事兵以外没有剩下几个战斗兵。当总预备队派出的一个团进城接替战斗时，因城外死尸堆积如山，用爬城的梯子架在死尸堆上才能爬过去。在这个地点流的血，变成了一道黑色泥浆沟渠，足见死伤之多，战斗之烈。

惠州攻克后，第一师沿着海岸继续东进，于23日进占海丰。17日，李济深率第二纵队从永湖出发，20日进占三多祝，经过激烈战斗，26日占领紫金。第三纵队程潜率队从惠州出发，22日下午进占河源，26日率部队进占老隆。总指挥部则跟着第三师向粤东北的梅县方向前进，10月27日在华阳镇与陈炯明的主力林虎部相遇。第三师是一支新组建的军队，由收编的旧军队组成，没有战斗力，与敌军一交火，对方的实力远远超过第三师，一交战就战死了团长和副团长，立即败退下来。蒋介石闻讯急忙赶到华阳督战。刚到达没多久，第三师像潮水一般溃退下来。蒋介石派陈赓将求救信送到第一师部，周恩来、何应钦即率主力部队奔袭华阳。得知第三师被包围，蒋介石气得脸色铁青，咬牙切齿地对陈赓道："我命令你代理三师师长，指挥三师反冲锋，快去！"陈赓应声挥舞着驳壳枪，跑下山梁，冲着一伙溃退下来的士兵喊："站住！蒋总指挥命令我指挥你们！我是师长！"败兵们纷纷逃命，看也不看他一眼，只有一个军官用肩膀顶了他一下，嗤笑道："赶快逃吧，还当什么师长！"此时陈赓已清醒地知道危局一时难以扭转，便对蒋介石说："校长，我们已经落到环形包围圈，不转移个地方，无法反击！"陈赓见情势危急，不由分说，上前架住蒋介石，就朝山下跑。跑到山下，蒋介石一屁股赖到地上，颓然说："我在黄埔一直教导你们，战死则罢，不战死则杀身成仁，今天我要实现自己的诺言！"说着，拔出短剑。陈赓一把夺过短剑，劝说："你是总指挥，你的行动会对整个战局发生影响，这里没有黄埔的军队，赶快离开这里，再不走就晚啦！"蒋介石望着陈赓，这才无奈地说："我实在走不动了！""我背你走！"陈赓背着蒋介石跑了几里路，终于跑到一条小河边。蒋介石平安地上了船，渡过小河，到达安全地带，劲头也就回来了，迈开大步跑了起来，连年轻的陈赓几乎跟不上他。

将陈炯明的林虎部和洪兆麟部主力消灭殆尽后，11月1日，东征军进占鲤湖，2日，再由鲤湖向普宁进发，于当天克复普宁，3日，克复揭阳，一路未遇抵抗。3日，建国潮梅军罗翼群部及东征军第一纵队先头部队一起进入汕头，与此同时，东征军第二纵队的张和支队进抵陬隍，第三纵队程潜部克复梅县。

11月4日，周恩来率东征军第一师一部及总政治部人员进驻汕头。6日，蒋介石向广州国民政府发出《收复东江通电》报告说："先后缴枪6000余支，大炮7门，机关枪30余架，俘虏6000余人。"随后，蒋介石把东征军总指挥部迁入汕头，命令陈济棠继续向汤坑、高陂、饶平方向追击陈炯明叛军，而其余东征军则就地补充休整。

在遭受数次大败后，陈炯明的"汕头粤军办事处主任"刘志陆见各县尽失，也于11月3日下午乘"永绩"舰逃往香港。临走前，他命令各机关只留收发1人、杂差数人留守，大门贴着白纸长条，上书"案件理应保存"字样。在军队节节败退之际，在香港的陈炯明于10月31日曾调用一架从香港运来的飞机，计划组织复工，但当11月2日飞机运至汕头时，革命军即将抵达，于是仓促将飞机重新运走。

11月7日，东征军第二纵队第十一师在陈济棠的带领下攻克陈炯明叛军占据的最后一个城市——饶平，叛军残部都逃入福建境内。11月7日，刚好是苏联十月革命八周年。蒋介石在汕头东征军总指挥部宴请随军的苏联军事顾问，并发表了名为《对于联俄问题的意见》的长篇演说，席间，他还高呼"世界革命成功万岁"的口号，以庆祝第二次东征的胜利。第二次东征使蒋介石声名鹊起，也锻炼了他的第一军，蒋介石成为街头巷尾谈论的焦点人物。当时在广州第一公园门口，挂有这样一副对联："精卫填海，介石补天"，由此可见蒋介石当时的声名。

另外，总结这场战役，时任周恩来秘书的冷少农回忆说："从惠州城的解放，证明共产党人打起仗来个个是英雄，到这次攻城，有27名连党代表参加敢死队，其中21名牺牲、6名负伤。"

为了彻底歼灭陈炯明叛军，以防其日后东山再起，11月8日上午，蒋介石召集各师将领在汕头召开军事会议（一说在潮州召开），讨论对窜入福建境内的叛军残部万余人（另有数千人和两万人的说法）处置办法。最后决定分三路攻闽：何应钦率第一纵队从饶平出分水关；任命谭曙卿指挥第三纵队，由大埔入福建平和；程潜率第三纵队由梅县经松口攻福建永定；总指挥部移至隘隍就近指挥，后方工作由总政治部主任周恩来主持，各路军要乘胜追击，全歼叛军残部。

蒋介石又致电福建军务督办周荫人，请他帮助解散陈炯明残部。由于当时奉浙战争爆发，福建军阀周荫人正派兵全力支持浙江军阀孙传芳与奉系军阀争夺江苏和上海，无力阻挡东征军入闽，因此只得派使者与东征军接洽，表示愿意负责悉数收缴退入福建境内陈炯明残部的武器，将之移交给东征军，但要求东征军不要大举入闽。

此次东征军的强大军力已经让很多叛军认识到，陈炯明大势已去，于是开始寻找退路，退至东江上游的叛军将领翁辉腾、叶柏质首先率领2000人投降。陈炯明本人在第二次东征战斗时并不在前线亲自指挥，其主力被消灭后，他即由汕头经厦门远赴上海。叛军悍将林虎早已灰心丧气，他将兵权交给了刘志陆，自己跑到武汉与吴佩孚联系"收编事宜"去了。后来熊略、林烈和林国光也跟着相继离开。刘志陆勉强率残余部队窜到福建省武平县乌鸦坡，以其部属谢文炳、陈修爵两个旅为主要骨干，将剩下的部队改编为九个团，另称"粤军"。东征军第三纵队队长程潜探知刘志陆部立足未稳，拟经永定、上杭去赣南，于是由大溪向永定前进。程潜一面电令中路冯轶裴部于14日上午8时以前到达下洋策应；一面率鄂军苏世安旅由大埔连夜向永定进发，于14日黎明到达叶坪山。程潜发现刘志陆部的乌合之众五六千人（一说九千人，其中徒手者约一半）昨抵永定，尚无准备，遂果断下令发起攻击。经过两小时的激战，缴获枪700余支、子弹30万发、马40余匹、大炮2门、机关枪4架，俘敌千余人，其余残军继续向上杭溃退，沿途又被闽军第三师的李凤翔乘机抢去了很多枪支。蒋介石得到捷报后十分满意，当即电请军事委员会将程潜所部改编为国民革命军第六军，并推荐程潜任该军军长。东征军第二纵队第十一师陈济棠部，则按照部署由饶平向闽南和平、诏安、云霄追击叛军洪兆麟残部，将其中一部缴械，叛军余部逃至漳州、石码一带，同样被闽军张毅部缴去大炮两门、长短枪六七百支。东征军指挥部见叛军皆被击溃，又考虑此时不应该大举入闽，遂将追击部队撤回休整。

刘志陆见东征军撤出福建，一面暂时休整，一面对是否应该投降广州国民政府一事征求将领们的意见。大部分叛军将领反对投降，认为：蒋介石为人狡猾奸险，曾逼走其上司粤军总司令许崇智，囚禁过粤军军长梁鸿楷，还曾枪杀张国贞、杨锦隆、梁士锋等粤军将领，若是投降，恐怕不为蒋介石所容，因此建议投靠武汉的吴佩孚。刘志陆于是伪装成商人至鼓浪屿转到香港先去上海联络，谢文炳、陈修爵带领士兵（约两个旅）随后前往湖北，投靠了吴佩孚（北伐期间，吴佩孚被北伐军击败，刘志陆、谢文炳、陈修爵又带领部队投靠了张宗昌）。陈炯明的副总指挥洪兆麟也从香港乘船赴沪转鄂向吴佩孚求援，途中遇刺身亡。是年冬天，陈炯明叛军的最后一支部队在林廷华的带领下退入江西，被赖世璜收编。至此，盘踞东江多年的陈炯明叛军被彻底根除。

至此，第二次东征宣告彻底胜利。第二次东征历时一个多月，基本摧垮了陈炯明的主力，消除了广州国民政府的东部威胁，也给陈炯明的帝国主义势力以沉重的打击，同时使东江的工农运动得以发展。

国民革命军在第二次东征中也付出了沉重代价，"是役死事同学58人，士兵178人"。国民革命军两次东征的胜利，统一了广东全境，为后来的北伐战争建立了巩固的后方根据地。在第二次东征中，蒋介石已表露出要在军队中排斥共产党人的企图，他无理要求周恩来交出第一军和黄埔军校中的共产党员名单。周恩来自汕头回广州，同中共广东区委书记陈延年、苏联顾问鲍罗廷商量，认为应予蒋介石以回击，不再同蒋合作，另组国共合作的部队。但是，以陈独秀为首的党中央和共产国际代表反对这一主张。只是由于周恩来等的努力，以叶挺为团长的国民革命军第四军独立团才得以在广东肇庆以铁甲车队为基础建立起来，这实际上是由中国共产党领导的一支正规部队。

五　南讨

南讨即"南征"，是1925年10月到1926年2月国民革命军讨伐占据广东西南地区的军阀邓本殷的作战。渡海攻琼胜利后，广东全境统一，为之后举行的北伐扫除了后方障碍，建立了巩固的后方基地。

（一）八属联军

八属联军是民国时期广东地方军阀联合组织的总称。大革命时期的广东南路地区，按照广东省农民协会划定，包括两阳（阳江、阳春）、高州六属（茂名、信宜、电白、化县、吴川、廉江）、雷州三属（遂溪、海康、徐闻）、钦廉四属（合浦、灵山、防城、钦县）十五县，以及一度由省直辖的梅箓、北海两市，总面积达4.6万平方公里，人口约500万。钦廉四属位于广州南路的西北部，今属广西，位于今广西沿海地区，南临北部湾；雷州三属位于广州南路的雷州半岛南端，三面临海，南部与海南岛隔琼州海峡相望（其中广州湾，即今湛江市，当时是法租界，未划归南路行政区）；两阳位于广东南路的东北部，与恩平、台山、新兴、罗浮接壤；高州六属位于广州南路的北部，与广西接壤。大革命时期的海南岛称琼崖、琼州，当时包括海口市和琼山、文昌、琼东、乐会、万宁、定安、澄迈、临高、儋县、昌江、感恩、陵水、崖县13县，面积3.4万平方公里，人口约300万，是中国第二大岛。

广州南路及琼崖地区对于当时的广东省来说无疑是非常重要的，然而，以邓本殷为首的南路八属联军一度盘踞于此，苛政层出不穷，祸害人民。这里成为南征的主要阵地。

邓本殷是广东防县人，出身贫寒，自幼失学，随双亲以务农、织席为生，1899年入防城县衙从军；1913年任广东警卫军营长、帮统，属龙济光麾下；1917年12月援闽粤军成立，邓本殷统步兵两营编入粤军，任统领；1918年参加援闽之役，任粤军第四支队司令，辖三营；1920年奉命参加回粤讨桂之战，战功显赫；1921年收复琼崖，任粤军第六支队司令兼琼崖善后处长，随后占据琼崖；1922年陈炯明叛变后，粤军分成拥孙（孙中山）派和拥陈（陈炯明）派两派，邓本殷选择追随陈炯明叛变，被陈炯明任命为第三独立旅旅长。陈炯明令邓本殷驻守琼崖。此时的广州南路情况十分复杂，占据各地的大小军阀各自为政，当时广州南路各属军阀分布情况如下：

吕春荣部（讨贼军师长，所属莫雄、叶大森两旅）占领高州六县；林树巍部（讨贼军雷州总司令）驻扎雷州三县；讨贼军南路总司令黄明堂部屯兵廉州北海；申葆藩部（旧桂系陆荣廷、林俊延的嫡系，原为广东江防司令，1922年伪投孙中山，被委任为广东讨贼南路总司令），坐镇钦州防城；余六吉、苏继开、徐东海等部割据新兴、罗定。

1923年，陈炯明起兵发难，令邓本殷固守琼崖，伺机在南路策应，邓本殷开始扩军。1923年4月，原钦廉善后处长黄志桓赴琼州海口，游说邓本殷以维护梓桑为名，出兵占领高、雷、钦、廉各属，一方面扩大自己的地盘，一方面作陈炯明的应援。陈炯明为其所动，于是与黄志桓分别电召申葆藩、苏廷有、冯铭楷到海口开会，会上决定向广东南路发起进攻。仅仅数周，邓本殷部就占领了高、雷、钦、廉各属，苏廷有部也进入两阳。1923年8月，邓本殷、申葆藩联名发出通电宣告广东八属联军的成立，谓："天祸吾粤，客军入境，迭遭兵灾，以苦吾民。吾粤南路八属为弭兵祸，宣布自治，保境安民。"不久后，八属联军一统广东南路八属。10月17日，陈章甫在罗定发出通电，就任国民政府所委南路新编第二师师长。邓本殷所委八属联军总指挥魏邦平，运动驻阳江、恩平等地的梁鸿楷旧部梁鸿林、徐汉臣等会合苏廷有部，于1925年10月25日在阳江背叛。次日，集中万余人向开平单水口进攻，并欲以两艘北洋舰掩护小舰艇由崖门直攻江门。

当时的广州国民政府一直没有出师南征，邓本殷不断发展壮大，最终成为南路的祸根。一是因为陈炯明的反革命势力尚未消灭；二是南路地区有一大部分在广西境内，而此时广西还处于群雄割据的局面，不具备彻底消灭邓本殷的条件。

在以邓本殷为首的八属联军统治南路期间，苛捐杂税众多，民众苦不堪言，各县钱粮已经预征到民国十六年。据《广州民国日报》刊载，"如廉江县属之安铺，人头税者，其税则凡自外乡往来该墟，戴雨笠帽者，则每丁抽捐十文，携雨伞者抽半毫，戴帽者一毫，穷者因畏抽捐，乃不敢戴帽进墟，遂遭鞭打。合浦县永安区山口墟之杂捐，尤为苛细。如鱼捐，二十斤至四十斤抽钱三十文，五十斤以上抽钱六十文；片糖、熟烟、杂货、大布、熟食、窑粉、芋种、葱种、故衣、熟盐，以上每挑五十文"。可见民众受盘剥之深。

为保住既有地盘并伺机扩张，邓本殷开始寻找靠山，与段祺瑞把持的北京临时政府沆瀣一气。1925年4月18日香港有电称："邓本殷派代表入京，请改琼崖八属为广南省，以邓为督理。"4月23日香港又电曰，"段代表杨穆生抵港，将赴南路与邓本殷接洽"。两天后，北洋政府委任邓本殷为"高雷钦廉琼崖罗阳八属督办"，并授予"品威将军"，还获得了北洋政府提供的武器装备。

1925年4月27日，旅京广东高雷八属同乡会请愿团赴执政府请愿，反对割裂粤境。呈文为："高雷八属隶属广东省治，并非特区，邓本殷败走琼崖，割裂版图，誓不承认，请收回成命。"

1925年4月期间，邓本殷为扩充自己的装备，以"开办琼崖实业"为名，欲与美帝国主义签订3000万美元的借款合同，以琼崖全岛的森林和矿产资源为抵押。30日，广东琼崖500万公民通电，以邓本殷私向美国银行集团借款3000万，出卖矿产资源，祸国祸民，琼民誓死反对，并望全国共同奋起，电请执政府制止。由于琼崖人民的强烈反对，邓本殷最后不得不放弃签订合同。省港罢工委员会在《工人之路》上曾对上述事件有所描述："邓本殷窃据琼崖，勾结帝国主义者以巩固地盘。前曾以全琼抵押借款，勾引美国投资建筑公路。罢工风潮开始，即电请美国派军舰六艘驻琼，并任由美水兵自由登岸，种种罪恶，罄竹难书。近罢工委会交通部又查得该邓贼最近已接受港英政府80万元，其交换条件为在琼崖、高雷等处接济香港政府粮食及猪牛鸡鸭等，并相机出兵扰乱广东，意欲将反帝国主义之罢工运动彻底打破。"通过对邓本殷罪行揭露，使其在当地彻底失去民心。

（二）负隅顽抗

中国共产党最早发出了南征的呼声。1925年8月，中共广东区委发动了大规模的肃清内奸、统一广东的示威请愿活动。针对各地军阀与帝国主义相勾结，破坏罢工、反对工农运动的形势，省港罢工委员会于8月11日发表《请愿书》，谓邓本殷、陈炯明"在国为贼，在民为害，在罢工期间则为汉奸，贼害汉奸之徒，诇容恣肆于我革命策源之粤省，以致外敌得利用而势愈张，国民被虐而生愈促"。

"参加统一广东示威者10万众，一致通过请愿肃清反动军阀。"苏兆征、邓中夏、谭平山、陈延年、彭湃、李富春等共产党人纷纷发表文章或演讲，号召各界人民和国民政府密切合作，完成东征和南征的历史使命。

1925年10月，广州国民政府出师进行第二次东征，原定计划是"肃清东江，后扫平南路"，但是实际上在兵力的分配上，南路很薄弱，几乎所有主力及军需都供应东面，再加上苏廷有、梁鸿林等人的叛变，使得南征进程一度停滞，因此，广州国民政府改变了原来的计划，第十师主力从肇庆移驻江门，力图确保"四邑"（新会、台山、开平、江门）。

在南征前，八属联军共有二十个旅分别驻守在南路各地：

第一旅、第二旅指挥官为陈凤起，第一旅长李国华、第二旅长黄文龄驻钦廉；第三旅、第四旅指挥官邓承荪驻雷州，第三旅长何家瑞、第四旅长刘朱华，分踞高雷边境；第五旅、第六旅指挥官兼琼崖善后处长冯铭楷，其队伍完全驻琼崖各属；第七旅、第八旅指挥兼副总指挥及钦廉善后处长申葆藩，队伍完全驻钦县防城；第九旅、第十旅指挥官兼两阳善后处长苏廷有，驻阳江城；第九旅长姚之荣、第十旅长泰德光，率队驻两阳、电白等处；第十一旅、第十二旅指挥官邓文辉，其队伍驻茂名，兵士少于一千名；第十三旅、第十四旅指挥官黄志桓，所部亦不过千人，有一团长陈楚英领两三百人，往化县，其余驻廉州城；第十五旅、第十六旅指挥兼高州善后处长吕春荣，第十五旅长叶大森，第十六旅旅长周桂森，分率队伍驻信宜、吴川、化县、茂名等处；第十七旅长陈家威部驻信宜、电白两县，队伍名为四营，人数不过数百；第十八旅长由吕春荣自兼，另辖一营炮兵，在八属将领中，以其兵力最为雄厚；曾隶邓旗下之陈章甫师长，第五旅长阮朝光、第六旅长陈文广，其队伍驻罗定县属；苏廷有部之第一路警备司令徐东海，驻阳春，第二路警备司令罗元标，驻阳江电白交界处，余六吉率部驻阳春、新兴等。

1925年10月22日，邓本殷正式向八属联军下达《本军对省方作战纲要》："本军与东、北江各友军同消灭赤化奠定粤局为主旨，对省方取攻势"；"本军先肃清西江南岸之敌，以全力攻取肇庆，候机会合东江友军，围攻省垣"。该纲要还规定：由邓本殷任总指挥兼左翼指挥官，陈德春任中路指挥官，苏廷有任右翼指挥官；以"海筹"号军舰游弋廉琼；以"江楚"舰队由磨刀门前进，威胁江门；以"广庚""广南""广玉""广州""安平"等舰专司运输。

邓本殷兵分两路进攻，一路向罗定进发，24日，该路军攻陷了罗定，逼近江门；一路由苏廷有率领进攻四邑，进攻江门的用兵要塞——单水口。

26日，梁鸿林部与苏廷有部进攻单水口，驻守单水口的是第十师第二十八团，南征的序幕在单水口正式拉开。当时第二十八团仅1000人左右，他们在团长蒋光鼐、营长蔡廷锴等人指挥下，奋勇杀敌，浴血奋战，先后击退了进攻普济桥、麦村和冲渡村的敌军，守住了阵地。据营长蔡廷锴回忆，"我团星夜背进公益在单水口布防，半依村落取防御攻势。敌苏廷有师主力及梁部叛军攻六七千人竟犯我单水口阵地，激战三昼夜，敌屡攻不得逞，气势已呈衰竭"。

当天，《工人之路特号》刊登《革命军肃清南路之计划》：南路邓本殷，久据八属，勾结帝国主义及军阀，摧残地方。近东征军将惠城、海丰等处，先后收复，潮梅陈军，扑灭在即，革命政府对于南路，亦须同时进攻……昨革命政府对于南路作战计划，已有具体筹划，定陈师长铭枢任前敌各军总指挥，担任左翼，由江门向恩平、两阳方面攻击；同时令湘军之一部担任右翼，由新兴方面进攻，湘、滇军亦经向西江开拔，总攻击之期不日可定。

27日，苏廷有再次增加兵力，并配备旱机枪和大炮，再次猛攻麦村、普济桥和冲渡村。此次国民革命军第二十九团、第三十团加入战斗，共同出击，再挫敌军。

28日，桂军吕焕炎部和湘军廖新甲部赶到，国民革命军乘敌气衰，集中兵力发起冲锋，一举击溃敌军，敌军向开平、赤坎等处败退。

29日，第十师渡河占领公益埠，敌军向台山溃退。国民革命军越过单水口、牛湾、石步追击邓本殷部。

30日，第三军（滇军）赶到鹤山，"江固"号、"华捷"号、"隆安"号等军舰，也陆续抵达单水口、公益埠江面。当天，广州国民政府军事委员会特令第二军总指挥鲁涤平部加入南路作战，又令第五军李福林部两团赴中山围剿袁带、林坤魂。31日，邓本殷又率部万余人进攻革命军，陈铭枢率两千余人在牛湾与之血战两昼夜，最终将敌军击退。第三军进驻开平，第十师占领台山。至此，单水口防御战取得最后胜利，"四邑"局势化危为安。单水口战役是南征的第一个胜仗，使民政府摆脱了被动的局面，此后，南征军各部开始由防御阶段转向进攻阶段。

（三）扫平南路

为加快南征进程，广州国民政府从北江战场调军南下，委任国民革命军第三军军长朱培德为南征军总指挥，朱克靖为总指挥部政治部主任。总指挥部统领四路大军：第四军第十师为第一路军，陈铭枢任指挥；第三军为第二路军，王均任指挥；第二军为第三路军，戴岳任指挥；广西军为第四路军，俞作柏任指挥。另外，以陈章甫的新编第二师为右侧支队。

《工人之路特号》报道了这则消息："日前政府为实行统一广东起见，故于革命军东征之际，实行肃清南路，除委任国民革命军第四军第十师长陈铭枢为南路总指挥、令率师征讨外，现为厚集兵力，迅速结束南路战事计，特加调湘、滇两军会合进攻南路，委任国民革命军第三军军长朱培德为南路联军总指挥。此项命令，昨已下云。"

10月31日，朱培德到达鹤山，下达《国民革命军南路各军作战计划》：第一路军，由开平向恩平、阳江进攻；第二路军由开平向恩平、阳春进攻；第三路军由肇庆向新兴进攻；第四路军由广西向廉江、化州进攻。右侧支队，由云浮向罗定进攻。首先肃清两阳，然后攻占高雷、钦廉。与此同时，省航空局派出飞机四架前往江门，为南征之用。

因单水口战役失利，邓本殷不得不调整作战计划，停止进攻肇庆以集中兵力，全力守卫八属。

陈铭枢

11月3日，陈铭枢部抵达金鸡圩。4日，苏廷有率5000人分三路反攻金鸡圩，有进行包围的意图。陈铭枢部分左右两翼，一边正面进攻，一边抄袭敌军后方，大败苏部，苏部遂狼狈而逃。革命军乘胜追击，势如破竹，相继占领那侠、那龙、合山、北惯。7日，陈铭枢部攻占阳江城，苏廷有部、徐东海部弃城而走。

王均率第二路军于11月3日抵达圣塘圩，5日清晨向长安之敌发起进攻，当天下午即占领恩平城。8日到达阳江与陈铭枢部会合。戴岳率第三路军未曾经历大战,顺利占领新兴,于10日克阳春,梁部被缴械。18日,一路军进占水东,敌军数千人投降。

在南征军攻打两阳时,邓本殷令徐汉臣部攻击罗定城,意图吸引进攻阳江的兵力,扰乱革命军的作战计划,然而,邓本殷此举却正中革命军下怀。革命军此次作战的目标在于消灭敌人而非驱逐敌人,徐汉臣部进占罗定城正好给了革命军包围消灭他们的机会。11月15日,陈章甫部反攻罗定城,大胜,俘获徐汉臣部枪千余杆,辎重无数,徐汉臣旅数百人投诚。至此,阳罗战役结束。

11月14日,粤桂边防军督办所部第一师师长林毓麟、第二师师长施少卿、司令黄玉书联合攻陷东兴,俘获枪支700多杆,俘虏敌人百余人。

11月10日,朱培德抵达阳江城,论功行赏后,立即部署下一步军事计划。14日,南征军各军开拔离开阳江城南下,向高州、雷州、钦廉进发。

阳罗战役失败后,邓本殷继续集结兵力,将三罗军队撤回高州,准备抵御南征军。高州城由邓本殷嫡系将领陈凤起率重兵把守,邓本殷亲自坐镇。南征军不敢轻视,计划集结精兵分四路从四面合围高州城:陈铭枢部取道水东、电白，攻高州东面；王均部由阳春直进，攻高州北面；戴岳部和徐汉臣旅由罗定出信宜，攻高州西面；俞作柏部由廉江、化县攻高州南面。邓本殷听闻南征军精兵四面来攻，以巡城当幌子抛下陈凤起，仓皇从电白、水东乘船逃回雷州。邓本殷此举大大影响其部士气，军队无心恋战，投诚者、溃逃者众多。

15日，陈铭枢部到达织簀，收编敌姚之荣，委任其为国民革命军高雷游击队支队副司令。17日，敌洪敦耀部败退至七枢、儒桐一带，接受归编，革命军抵达电白县城，苏廷有部闻风而逃。南征宣传队进城宣传，陈铭枢部进占电白城。

因南征逐步进入广西地带，广州国民政府委员为了协调两广军队作战，17日，派出曾为李宗仁、黄绍竑统一广西做出显赫贡献的第四军军长李济深率部南征，同时，将第三军王均旅、第二军戴岳旅调回北江；把第四军陈济棠第十一师和陈可钰第十二师先后调至南路。

19日，陈铭枢师进占水东，同天，俞作柏率部数次击退自阳江、罗定往高州来援的敌苏廷有部、陈德春部、黄文龄部；敌援军先后溃败。高州已成孤城，再无援军。于是，陈凤起、李国华率残部两千余人逃出高州。陈铭枢部知悉高州已由俞作柏部克复后改变原定计划，第一路军吕春荣、蒋焕炎两纵队于20日晚由梅菉出发往化州，在吴川塘畷圩正好遇到由高州溃逃至此处的敌两千余人在停营做饭，吕、蒋纵队分兵迎击，缴获大炮两门、步枪三百余支。

21日，俞作柏攻克高州，招降刘朱华一旅，黎明乐、王敬三两部。22日晨，俞作柏部乘胜出击，将化县攻下，缴械三百余支。高州战役结束。

敌向廉江窜逃，吕、蒋纵队一路追击，23日抵达廉江，入城安民后继续追击向安铺败走的敌军。

李济深部短暂休整后出师南征。23日晚，李济深与军部各长官卫队等于广州天字码头乘"江门轮"军舰往江门，江门是第四军司令部即南路运输总站的所在地。

邓本殷从高州逃出后，其部队已经七零八落。但他仍不死心，企图保住雷州和琼崖，他将残部集结于安铺、遂溪一线准备抵御南征军。

11月24日，国民革命军第四军军长李济深抵江门，并设第四军军部。各路革命军分头追击溃敌，连续占领了廉江、安铺和遂溪。陈铭枢部进占廉江后，马上向钦廉进发，在经过合浦县白涓时，正好遇到苏廷有残部千余人，陈部奋勇杀敌，将敌军击溃。敌军退守雷州城时，陈凤起残敌已不足千人。

　　26日，廉州守将申葆藩见南征军来势汹汹，不敢顽抗，率部由廉州退到钦州。28日，俞作柏部与陈铭枢部互相配合，先后击败了白沙、公馆、闸利的敌军，于当日抵合浦县之山口圩。同天，蒋焕炎部及国民革命军南路游击队余六吉也率部从白沙赶到公馆。各部大军抵达公馆后，陈铭枢下达合围廉州的命令。30日，吕、蒋纵队收复廉州城。

　　同日，李宗仁令黄旭初由横县出发，向灵山、防城进攻。黄旭初于12月1日启程，经南乡、勒竹塘，向灵山进发。同天，国民政府任命甘乃光为南路各属行政委员（另一说法为专员，1924年起任黄埔军校政治部英文秘书兼政治教官）。2日，国民革命军钦廉讨邓军第一支队司令张守椿也率部由南乡向灵山突击，两部与敌军鏖战三小时，敌刘锦华、陈岳东率残部弃城向陆屋方向逃窜，下午3时，黄、张两部进占灵山。

　　12月4日，国民政府正式任命李济深为南征军总指挥，并对南征部队做了调整，将第三军王均旅、第二军戴岳旅调回北江；将第四旅陈济棠第十一师和张发奎旅调至南路。

　　12月5日，邓本殷在雷州召开军事会议，决定留黄志桓、黄文龄、张午桥等约三千残部死守雷州，以城月、沈唐为第一防线，其本人则率部返琼崖。12月6日，桂军胡宗铎

部从广西灵山出发，是日，南征军进抵
钦州。林俊廷、申葆藩两人仓惶逃往越
南，其部被国民革命军收编。

林俊廷

雷州城地处广东南路的中枢，北
可直到高州、两阳、广州；南可遏制琼
崖；西可牵制钦廉，是兵家必争之军事
要地。雷州城又素称天险，有被围城三月而无法攻下的历
史。守敌由邓本殷部第二旅旅长黄文龄指挥。南征军四路军
在李济深的带领下，至12月8日，收复高、廉、钦等州县，
逼近雷州。

李济深令吕春荣部由茂名、化县赶赴雷州城南；令张
发奎部从遂溪挺进城月，增兵客路；调两阳等地部队日夜兼
程，急速往雷州协助进攻。

雷州的敌人闻南征军强兵压境，十分恐慌，25日晚开
始弃城逃离，于26日8至9时退却完毕。
他们一边退却，一边求降以拖延时间，
南征军方面一面敷衍，一面令吕春荣等
部向南兴、乌石及徐闻方向追击。下午7
时，琼崖讨邓军、高雷讨邓军及吕春荣
部相继入城。国民革命军第四军是一支

张发奎

经过革命思想熏陶的队伍，军队中的政治宣传工作是日常工作，他们军纪严明，对百姓秋毫无犯。南征开始后，第四军提出"不拉夫"口号，所用挑夫，都是出钱雇用的，而且极为优待，如第十一师"对体弱不耐劳苦者，即给资遣回。出发时对于夫役之待遇，尤为注意。所挑重量，每人不过四十斤，路途较远，且得轮流休息。有病则安慎调治，并由政治部宣传员随时加以安慰，故恒有感于待遇之优，虽被遣而仍不愿去者"。27日，总指挥李济深与俄国顾问从安铺坐车进入雷州，各界列队欢迎，现场气氛热烈。28日，第十二师全部由遂溪开到，第十二师政治部在雷州期间，"派出宣传员随军出发，深入乡村晓谕民众，结果卒能锄荷挺来助本军剿匪，并告匪踪，故能最短期间，肃清该处盗匪"，至此，雷州城大定。

（四）渡海攻琼

邓本殷率部据守琼崖，兵力尚有近万人，面对南征军陈兵雷州三属，邓本殷企图依靠琼州海峡天堑，借助北洋政府军舰，死守琼崖。

其具体部署是：重新整编部队为三个师，第一师师长陈德春、第二师师长冯铭楷、第三师师长陈凤起，调整兵力部署；留下四五百人在海口，集中主力于琼崖一带，主要分布在琼西的临高、儋县一带，据险设防；派人前往香港催促北洋三舰早日来琼崖，协助防守；派遣参议徐良赴滇，乞请唐继尧出兵扰桂，并许诺陆荣廷、沈鸿英某些条件，但唐继尧曾令部属出兵广西，被围困在桂林，整个部队几乎片甲不留，因此不愿接受邓本殷的请求，拒绝出兵，只派了讲武堂的学生三十余人去往琼崖，希望能够帮邓本殷训练军队，助他一臂之力；"以特别区军务督办名义颁布海南全岛水陆戒严令规定所有入琼船只，均须泊留秀英炮台前，施行检查的始准入港"；召集部下，勉励众人死守琼崖，声称已经接到吴佩孚来信，如果能守住三个月，吴佩孚就会想办法援助。

邓本殷及其军队逃到海口后，在海口大开赌馆、妓馆，以至收入颇丰。前来协助守岛的北洋军舰将领们大为羡慕，想雨露均沾，于是向邓本殷敲竹杠，索要五万元，遭到拒绝。"海容""永绩"两军舰的将领十分愤怒，说："我来做狗，和你们看守门户，残羹冷汁不得一餐的饱，和你们努力作甚么。"于是率舰北归。

各舰北归后，琼州海峡防卫空虚，邓本殷极为恐慌，担心革命军随时会渡海来袭，于是急派代表赴上海乞求杜锡珪援救，尽管杜赐珏与邓本殷有交情，但是仍以各舰欠饷、无煤费为由，拒绝派舰。邓本殷的代表表示代发欠饷后，他才松口派通济等舰赴海口。

李济深到达阳江后与朱培德商讨攻琼崖计划。考虑到渡过琼州海峡并非容易的事，且雷州半岛还藏匿着大批邓本殷残部和土匪，加上南路是邓本殷、申葆藩等人曾长期经营的地方，还隐藏着他们培养的大批党羽，若不消灭这些党羽，撤军后就会后患无穷。因此，李济深一边令已升任第四军第二师师长的张发奎做渡海的准备，一边亲自和广西的李宗仁、黄绍竑联系，希望桂军派出的部队与第四军配合，在南路协同作战，彻底肃清南路，第四军大力发动群众，清剿土匪，军政治部召集当地人民代表，商谈治匪安民之策，提出联合人民及军政两方，一面肃清残敌，一面帮助各地建立农会、工会和革命政权。

12月11日，南路行政公署成立了"两阳恩平绥靖委员会"，南路新编第二师师长陈章甫、南路行政公署秘书长黄祖培、政治训练部罗扬清任委员。该委员会成立后，一是派出得力部队开赴恩阳交界处痛剿盗匪，使商旅畅通无阻。二是刷新吏治，重新任命阳江等县县长，制定了《南路行政委员会公署组织法》，明确行署内各科处的职责，使行政有法可依。三是铲除一切苛捐杂税，以舒民困。苏廷有盘踞两阳时候，横征暴敛，几乎无物不抽，尤其是在古良、牛场等处多设厘厂。地方上的土豪劣绅也乘机巧立名目盘剥人民，名目不下数十种，如杉排捐、盐船捐、竹捐、青草捐等，百姓敢怒而不敢言。甘乃光和李济深到任后，依次豁免了所有苛捐杂税，撤销了厘厂。四是整顿交通，修筑江恩公路，由阳江直达恩平。这条路总长度为140余里，修通之后，可与恩平公路衔接，再延长至三埠，从而使广州到阳江的时间由5天缩短为1天。五是组织工、农、商、学、兵各人民团体，大力恢复国民党地方组织。到12月1日，江门一地已成立的农民协会有七八个，工会也有几十个。六是改良民生，振兴农工商业，开垦荒地，收容无业游民。七是严订法规，官民一律平等。经过整顿，革命军得到了人民的拥护和支持，南路各属成了南征军渡海作战稳固的后方基地。

1926年1月上旬，随着东征的完全胜利以及广东南路局势的安定，广州国民政府军事委员会命令李济深负责指挥所部准备渡海作战，并限一个月内肃清邓本殷叛军，占领海南岛。李济深得到命令后，随即决定渡海攻琼，第四军政治部发出敬告琼崖同胞书：

可怜的同胞们，革命军来了，保护你们的革命军来了。邓贼本殷因为想做大军阀，发洋财，逛汽车，住洋楼，讨姨太，以遂其欲望，乃不惜丧失国体，鱼肉人民，接济香港，私借外债，勒种鸦片，强派军饷，铸造假银，滥发假币，预收钱棉，大开赌博，以及苛以人头税、祠堂捐等。你们受了这种蹂躏，真正无所不用其极了。现在高雷钦廉罗阳各属的邓贼残部，已被我革命军打得七零八落。革命军又要进攻邓贼老巢琼崖，肃清邓贼余孽，以援救你们出于水火之中了。革命军打倒邓贼之后，还要澄清吏治，整顿交通，改良教育，减轻人民负担，改良农民工人的生活，帮忙组织自卫军，巩固你们自己的力量……

担任渡海攻琼的主力部队主要是张发奎部、陈济棠部、王鸿饶部共两万余人，渡海部队分为两个纵队，张发奎为第一纵队队长，陈济棠为第二纵队队长。李济深又分派南征军到各口岸，准备数路军队一起渡海进攻。

张发奎率领的由第十二师朱晖日、黄琪翔两团及第一独立团云瀛桥团组成的第一路军，由麻罗渡海。其他各路分别从徐闻海面、雷州乌石、遂溪的江洪等地出发。由于海口有秀英炮台扼守，且徐闻至海口有百余里，不易进攻，李济深决定绕道进攻其他港口。一切准备就绪后，李济深发出渡海令。渡海攻琼战役就此正式拉开帷幕。

第四军首先令陈慎荣部向琼崖临高方向渡海，派先遣队王鸿饶部向琼崖儋县进发，以牵制敌人，扰乱敌人视线，为主力部队的登陆做掩护。陈慎荣部参谋王仁（临高人），亲率一部准备在博铺港登陆，但因遇到潮退无法入港，改往得禄港，找昌拱村的小渔船载人上岸。当时，驻守临高城的将领是杨启明，率一个营，其统辖的三个连分别驻防博厚墟、新盈墟和营部。拂晓，王仁率部自海边经昌富墟，进攻临高。在击溃博铺港守敌后，直扑东城门，杨启明见大势已去，又得知国民革命军攻城将领是他在云南讲武堂的同学王仁，便竖起白旗投降，打开城门，让王仁率军入城。

因发现陈慎荣、王鸿饶部正向临高、崖州渡过海峡，邓本殷把他的军队精锐调赴临高、崖州一带布防，这就给张发奎师偷袭打开了缺口。17日，南征军兵分三路正式渡海攻琼：一路由第十二师副师长张发奎率领，五六千人，从雷州半岛的外罗港出发，直趋离琼府六十里的新埠港；一路由琼崖讨邓军第一支队指挥王鸿饶统率的蔡春霖团、刘金甫团，从雷洪港向陵水县之新村港进发；一路则由第十一师师长陈济棠率领向儋县墩头港靠拢。

上午9时，张发奎率部在"安北""平南""丕亚"等军舰的掩护下，集二百余艘帆船率先渡海。三个军舰中，以"安北舰"马力最大，且装备最好，张发奎乘该舰先行出发。当船驶至琼州海峡中央时，因风逆浪大，军舰马力略显不足，只得留下部分所拖的木船。"安北舰"只拖一船载云瀛桥团一连继续领先前进，"平南""丕亚"两舰因马力较小被落下很远。

下午5时30分，张发奎率云瀛桥团先抵达新埠港。由于新埠港水浅，不能直接将军舰停靠在岸边，故张发奎先派侦察员在距口岸两千米处探查岸上敌军动态，寻找时机，同时意图等待落后的船只到齐后，再正式登陆。可是直到6时30分，仍没有看到各船影子，因担心天黑后视线不好，登陆更难，于是张发奎命云营一连在炮火的掩护下强行登陆。

新埠港的守敌百余人掩伏在沙滩茅屋中，左翼高阜上也发现一杆红白红之符号旗，数百敌人沿海岸线散开，一时间机关枪、步枪密集向一连猛烈扫射。在张发奎指挥下，军队开始发炮，顿时炮声震天。守敌见此情形，有些害怕，畏缩不前，正在犹豫时，云营十余人和特务连一班，已经从舢板下水，在敌军密集的火力攻势下，奋勇直前。一瞬间，青天白日旗已竖立在沙滩上。南征战士们个个奋勇当先，敌军慌忙向铺前方向溃逃。

平南、丕亚和其他木船所载的部队都赶到之后，南征军乘胜前进，张发奎师长又命第三十六团第三营出兵铺前港，一边掩护第二纵队登陆，一边向该处敌人佯攻，牵制敌军，很快，南征军就占领了据海口约60里的铺前墟。

其余部队经东坡、锦山、三江市一线进攻，18日，南征军先后攻克锦山、湖山和三江市。攻至三江市时，遭遇了敌守军的抵抗，战斗进行了大约半小时，敌军即溃退。据第十二师政治部报告描述："自1926年1月17日我军渡琼登陆后，所过之处，老壮妇孺莫不空巷来迎，夹道欢呼；当我军先头部队一到，而爆竹噼啪之声大作，此止彼起，卒不能禁。其离大道稍远之村落，遥见旌旗，即汲水置于道左，以代壶浆。"

南征军陈慎荣部此时也已攻克临高。先遣队王鸿饶率蔡春霖团、刘金甫团三千余人渡海后自崖陵新村港登陆，不久就占领了儋崖各属，攻克了敌军的重镇崖县。琼崖的善后使冯铭楷，是钦廉嫡系的重要将领，深得邓本殷器重，因此邓本殷出发高雷的时候，令冯铭楷留守大本营琼崖，让他负责防备岛内民军，筹拨后方接济等重任。当邓本殷兵败高雷，退守琼崖时，邓本殷又令冯铭楷驻守崖县，独当一面。在革命军王鸿饶部将崖县重重包围后，冯铭楷自知平日作恶多端，罪恶深重，久为琼民所痛恨，因此没有悄悄逃走藏匿，而是在王部攻城后用左轮短枪自杀。

陈可章、黄东初、张午桥领残部数千，逃窜到黎母山附近的南丰市等地，张发奎令第三十五团团长朱晖日率部分别追剿，先后将敌包围缴械，收复各地。王鸿饶部占领嘉积、定安、龙塘等处后，计划于21日早派敢死队千余人向琼城发起攻击。张发奎得知此消息后，约王鸿饶部于22日上午同时向琼城发动冲锋。

琼城是邓本殷的老巢，邓本殷把他主要兵力都布防在这里。渡海攻琼战役打响后，革命军先后重创邓军主力陈凤起、黄凤堂、冯铭楷、张午桥等部。邓本殷见前方防线节节败退，知道大势已去，恐慌至极。邓本殷花20万元雇来商船"司马懿"号，在22日凌晨和几个心腹化装乘坐该船，逃往广州湾（今湛江）。

邓本殷兵败高雷时，曾企图依靠琼州海峡天堑固守琼崖，他曾向段祺瑞求援，段祺瑞积极回应。一方面委任邓本殷为"特别军务督办"以此鼓励；一方面派练习舰司令曾以鼎率兵舰南下支援。可当所谓的援军来时，邓本殷已经弃岛浮舟海上。北洋军舰才驶进海口，却已听闻邓军败走，立马慌忙北归。

22日上午9时，攻琼的大军开始攻城，革命军向琼城北门炮击数响后，便冲锋入城。邓本殷部旅长黄文龄将其师长陈德春拿下，率部向张发奎部投诚。10时，攻琼大军不费一兵一卒就占领了整个琼城。据《广州民国日报》刊载："我军第十二师即于二十二日午间率队进驻琼州府城。当入城时，已完全无邓军踪迹。城中人民见我军入驻城后，军纪严明，秩序井然，各人皆欣然欢迎。当时城内务机关如县公署及地方审检庭等，所有在职人员，均逃走一空。"

黄星堂、何家裕率邓本殷残部三千余人退守海口。张发奎、陈济棠、云瀛桥、王鸿饶等军乘胜攻打海口，敌军已人心焕散，无意恋战，弃城而逃。结果革命军不费一弹，于22日下午就占领了海口。军长李济深和副军长陈可钰偕同第四军军部成员及苏联顾问不久也入驻海南岛，在海口设立了军部指挥部。李济深按照事先的约定，赏给第十二师3000大洋，张发奎把钱分给三个团加菜，庆祝胜利。

1月28日李济深致电国民政府，报告战果，电如下："（一）我军克复琼州，经已电呈；（二）邓逆仅以只身乘商船司马懿号逃走，残敌悉数向各属消散；（三）现令各部分区肃清散军；（四）敌舰五艘，除广南一舰在逃未获外，余均为我军收复；（五）敌遗下制弹厂、制枪厂各一所，存机器材料甚多；（六）此役总获枪千余杆，并获敌弹数十万发，军用品无算。余容后报。"残敌在黄星堂、何家裕带领下从嘉积溃退入山中匿藏。邓本殷化装逃入日本兵舰离开海南。

此次革命军渡海计划，是邓本殷意想不到的。革命军不按照定势思维从海口攻琼城，而是取琼儋、文昌、三江，三面夹攻琼城，犹如神兵天降，以致邓本殷及他的部署猝不及防，无从抵抗。《广州民国日报》也就邓本殷的失败做了分析："邓逆集中琼崖之兵力，约有五千人，惟琼崖十三县，地方辽阔，以此兵力而防此地，未免过薄。其初革命军之来攻也，专驻西路。邓氏乃置重兵于此而防之，不意革命军忽由琼东来袭，此处兵力有限，无能抵抗，遂一拥而进，直抵文昌而至铺前。"

攻琼战役进展飞快，南征军先后攻占了琼州、海口、琼山、文昌、临高、儋县、琼东、乐会、崖县等琼崖重地。在南征部队强势压境的情况下，邓本殷部在琼崖的残敌自知大势已去，不愿负隅顽抗，大部分在参谋长的带领下向南征军缴械投降。

此后，第四军又在岛上进行了清剿残敌散匪、整顿社会秩序、安置难民灾民、建立新政权等工作。

海南局势稳定之后，李济深总指挥调第十一师回高雷驻防，第十师回钦廉驻防，仅留第十二师张发奎留守琼崖。经过南征军四个多月奋勇的作战，琼崖战役结束，南征的第三阶段以及国民政府的南征也同时宣告胜利结束。

此次南征军渡海攻琼，将邓本殷的老巢彻底倾覆，国民党中央执行委员会十分满意，特地给李济深发电嘉勉："养电欣悉，邓逆本殷，据琼逞恶，久稽天讨。执事奉命南征，能于最短时间，犁庭扫穴，拯民众于水深火热之中，而登之衽席之上，足见执事忠党国，尤见革命军队，所向无敌。尚望奋勇穷追，尽歼丑类，并于师行所至努力宣传，使群众了然于本党用兵之意，勃发其参加革命之心。残腊征途，诸希珍慎。"2月2日，为了让黄埔军校的学生增加实战经验、为南征军补充力量，黄埔军校派出第三期毕业生前往海南岛的第四军见习。

至1926年2月底，海南岛上的邓本殷残部已基本肃清。至此，盘踞广东南路数年之久的邓本殷军阀集团彻底覆灭，2月15日，李济深致电广州国民政府，请求救济雷州民众。不久，国民政府任命张难先为琼崖各属行政委员，李济深奉命回到广州。国民政府在洋花厅举行欢迎会，汪精卫致欢迎词，由李济深报告南征的经过。4月1日，李济深发表通电，宣布取消广东南路总指挥部，南讨邓本殷的军事行动取得完全的胜利。

南讨成功后，广东全境解放，广东革命根据地的统一，是进行北伐、统一全国的根基。

六 北伐

　　北伐战争，是在国共合作背景下以中国国民党主导的广州国民政府以国民革命军为主力，由蒋介石为国民革命军总司令，于1926年至1928年的统一全国的革命战争。1926年7月9日，广州国民政府成立国民革命军司令部，自广东起兵，在连续攻克长沙、武汉、南京、上海等地以后，国民政府内部因对中国共产党的不同态度而一度分裂，汪精卫和蒋介石决裂，北伐陷于停顿。宁汉合流后，国民党军继续北伐，并在西北的冯玉祥和山西的阎锡山加入的情况下，于1928年攻克北京，致使北洋奉系军阀张作霖撤往东北，途经

北伐战争

沈阳西郊皇姑屯车站时，被日本关东军埋设的炸弹炸成重伤，于当日在沈阳死去，12月29日，其子张学良宣布东北易帜。最后，依靠各路军阀的加入，最终北伐完成，中国完成了形式上的统一。

（一）酝酿准备

1926年1月，中国国民党第二次全国代表大会在广州召开，会议提出"对内当打倒一切帝国主义之工具，首为军阀"的口号。2月，在北京，中国共产党召开特别会议，提出进行北伐战争、推翻封建军阀的政治主张。1926年春，因英国人在长沙公开殴打雪耻会纠察队员，引发了长沙各界"反英驱赵讨吴"运动（"吴"，指吴佩孚；"赵"，指赵恒惕）。时任湘军第四师师长的唐生智接受王基永的劝导，与广州国民政府开始接触。随后，蒋介石委派陈铭枢前往湘粤边界的坪石，与唐生智就北伐展开谈判。最终唐生智决定接受广州国民政府统一指挥。

1926年3月20日，蒋介石制造中山舰事件，事件后汪精卫请病假离去，国民党内另一领袖胡汉民出走苏联，北伐呼声一度无人问津。4月16日，蒋介石任军事委员会主席。1926年4月，步兵和炮兵总监蒋介石会同李济深开始制定北伐进步计划，5月份完成。这是最早出现的北伐计划。经过东征和南讨，广东革命根据地得以统一和巩固。与此同时，随着湖南形势的恶化，吴佩孚决定以援助赵恒惕为名，进占湖南。5月5日，李宗仁宣布出任国民革命军第七军军长一职，并赴广州与第四军军长李济深达成共识，要求广州国民政府把握湖南战机进行北伐。

5月21日，中国国民党二届二中全会召开，通过北伐战争决议案，内容包括任命唐生智为国民革命军第八军军长、筹建总司令部、推举国民革命军北伐总司令等；5月底6月初，叶挺独立团进抵湖南安仁、渌田一带，陈铭枢部与张发奎部分别由高州和琼崖两地开拔援湘；五卅运动掀起的全国工农运动迅速高涨。这些都为北伐战争准备了条件。

国民党第二次全国代表大会

到1926年6月，北伐战争前，张作霖、吴佩孚和孙传芳的实力分别是：奉系兵力三十五万人，除东北各省外，还占有北京、天津和山东、河北的一部分，并控制津浦铁路北段；直系吴佩孚拥兵二十万，主要占据湖南、湖北、河南和陕西的东部，河北的南部，并控制京汉铁路；从直系分化出来的孙传芳，兵力二十万，占据浙江、福建、江西、江苏和安徽等省。

1926年6月5日，国民党中央委员会正式作出国民革命军迅速出师北伐的决议。同日，为准备进行北伐，特别设置国民革命军总司令部，国民政府任命蒋介石为国民革命军总司令。1926年7月1日军事委员会主席蒋介石向国民革命军发布"北伐动员令"：

> 本军继承先大元帅遗志，欲求贯彻革命主张，保障民众利益，必先打倒一切军阀，肃清反动势力，方得实行三民主义，完成国民革命。爰集大军，先定三湘，规复武汉，进而与我友军国民军会师，以期统一中国，复兴民族。除第四、七两军先行出发，协同第八军相继前进外，兹特将第一、第二、第三、第五、第六各军前进集中计划，各项图表，随令颁发，仰即遵照，此令！

1926年7月4日，在广州，国民党中央委员会临时全体会议通过《国民革命军北伐宣言》，陈述了进行北伐战争，推翻北洋政府的理由。宣言主要内容：

本党从来主张用和平方法，建设统一政府，盖一则中华民国之政府，应由中华人民自起而建设；一则以凋敝之民生，不堪再经内乱之祸。故总理北上之时，即谆谆以开国民会议，解决时局，号召全国。孰知段贼于国民会议，阳诺而阴拒；而帝国主义者复煽动军阀，益肆凶焰。迄于今日，不特本党召集国民会议以谋和平统一之主张未能实现，而且卖国军阀吴佩孚得英帝国主义者之助，死灰复燃，竟欲效袁贼世凯之故智，大举外债，用以摧残国民独立自由之运动。帝国主义者复饵以关税增收之利益，与以金钱军械之接济，直接帮助吴贼压迫中国国民革命；间接即所以谋永久掌握中国关税之权，而使中国经济生命，陷于万劫不复之地。吴贼又见国民革命之势力日益扩张，卖国借款之狡计，势难得逞，乃一面更倾其全力，攻击国民革命根据地，即使匪徒扰乱广东，又纠集党羽侵入湘省。本党至此，忍无可忍，乃不能不出于出师之一途矣。

本党敢郑重向全国民众宣言曰：中国人民一切困苦之总原因，在帝国主义者之侵略，及其工具卖国军阀之暴虐，中国人民之唯一的需要，在建设一人民的统一政府。而过去数年间之经验，已证明帝国主义者及卖国军阀实为和平统一之障碍，为革命势力之仇敌，故帝国主义者及卖国军阀之势力不被推翻，则不但统一政府之建设永无希望，而中华民国唯一希望所系之革命根据地，且有被帝国主义者及卖国军阀联合进攻之虞。本党为实现中国人民之唯一的需要——统一政府之建设——，为巩固国民革命根据地，不能不出师以剿除卖国军阀之势力。本党为民请命，为国除奸，成败利钝，在所不顾，任何牺牲，在所不惜。本党惟知遵守总理所昭示之方略，尽本党应尽之天职；宗旨一定，死生以之，愿全国民众平日同情于本党之主义及政纲者，更移其平日同情之心，进而同情于本党之出师，赞助本党之出师，参加本党之作战，则军阀势力之推倒，将愈加迅速，统一政府之建设，将愈有保障，而国民革命之成功，亦愈将不远矣。

国民革命军在宣言中表达了"为民请命，为国除奸，成败利钝，在所不顾，任何牺牲，在所不惜"的决心，号召全国民众群起而助其革命一举成功，并坚信国民革命一定能取得最终胜利。

1926年7月7日，公布了《国民革命军总司令部组织大纲》，规定总司令部设于军事委员会内，总司令兼军事委员会主席，原属于军事委员会的政治训练部、参谋部、军需部、海军局、航空局、兵工厂等机关均直属于总司令部。总司令的职权为统辖陆、海、空各军并对国民党中央委员会与国民政府在军事上负完全责任。在总司令部未成立之前，军委会既为国民政府军事行政机关，又是军事统率机关。总司令部成立后，军委会仅是军事行政机关，总司令部成为国民革命军最高军事统率机关。由此，军委会的机关、权力转移到国民革命军总司令部之下，军事委员会的集体领导转移到蒋介石一人之手。总司令部还有更大的一项职权，即出征动员令发出后，为图军事便利起见，凡国民政府所属军、民、财、政各机关，均受总司令指挥。

这个大纲的明显缺陷在于：第一，党和政府无法随时监察总司令的工作；第二，大纲中规定战争时期实行军管，总

北伐誓师大会（台上左一为蒋介石）

司令部实际上代替了
政府。

随着北伐战争的
一路高歌猛进，蒋介石
的政治野心越发膨胀，
其独裁手段也越来越明
显，与此职有关。

1926年7月9日，

1926年7月9日广州人民欢送国民
革命军北伐

国民革命军在广州举行北伐誓师大会，誓师大会在广州东较
场隆重举行，农工商学各界30万人参加，鞭炮燃放几个小
时。当时《民国日报》对这一盛大场景有过报道："欢声
雷动，掌声震天，军乐声声声不绝，士兵服装均新制，异常
整齐，新枪刺刀指挥刀，锵锵闪烁，庄严璀璨，得未曾有，
鞭炮长串，燃放几小时，民众拥护政府，渴望北伐成功之热
情，蒸若霞霭，赤日凌空，挥汗成雨，而民众毫无怠态堕
容，秩序整齐，礼容甚盛，为民国以来绝无仅有之盛典。"

国民政府代表主席谭延闿授印，国民党中央党部代表吴
稚晖授旗，蒋介石谨受宣誓毕，致答词，并举行阅兵仪式，
由李济深任总指挥，张治中任司礼。蒋介石发表宣言、通电
和告广东军民书等，以国民革命军总司令名义，宣告北伐战

争正式开始。此时的国民革命军有8个军，约10万人左右，总司令是蒋介石。北伐的主要对象是三支军阀力量：一是直系吴佩孚，二是奉系张作霖，三是由直系分化出来、自成一派的孙传芳。在帝国主义指使下，这三股反革命力量联合起来。北伐军兵分三路，西路军为主力，担任正面作战，兵力约5万，进攻两湖，直指武汉；中路军保障西路侧翼安全，进攻江西孙传芳部；东路军向敌兵空虚的浙闽进军。第五军留守广州根据地。

7月12日，中共中央发表《中国共产党关于时局的主张》，14日，国民党发表《北伐出师宣言》，国共两党一致号召全国人民支持国民革命军进行北伐。这样，轰轰烈烈的北伐战争从广东开启了全国性的国民大革命运动。最早踏上北伐征途的是第四军的第十二师和第十师。第十二师出发时，"广东各界妇女代表何香凝、邓颖超、孔若伟等列队到车站欢送，并赠纪念旗，绣'铲除军阀'四字"。

（二）两湖战场

广州国民政府分析了敌我双方力量对比和军阀内部矛盾情况，确定北伐战争的战略方针是集中兵力，各个击破。先打吴佩孚，后打孙传芳，最后消灭张作霖。吴佩孚虽是当时最凶恶的敌人，但在各路军阀中，却是比较弱的一环，由于受到冯玉祥军队的牵制，已经处在南北受敌的状态之中，湖南内部敌人正在发生分化。况且，两湖地区工农革命力量极为雄厚，因此，把吴佩孚确定为北伐的第一个打击对象十分正确。

北伐军分三路进军，在三个战场进行作战，而两湖战场是具有决定意义的战场。在这个战场上，北伐军以第四军、第七军、第八军担任正面主攻，分别占领了长沙、平江、岳阳，至此，北伐军结束了湖南境内的战斗。平江、岳阳失守后，吴佩孚亲自率部队与北伐军在湖北境内的汀泗桥、贺胜桥进行决战，经过激烈战斗，北伐军占领了这两个地方。10月10日，叶挺独立团首先攻城而入，北伐军攻下武昌，吴佩孚部基本被歼灭。北伐军消灭吴佩孚后，又在江西战场打败了孙传芳。国民革命军从1926年7月开始北伐，在不到半年

叶挺独立团

的时间里，从珠江流域打到长江流域，所向披靡，消灭了吴佩孚、孙传芳的主力，北伐军人数也由10万人增加到25万人。

1. 进攻湖南

湖南战场最早从1926年5月开始。国民革命军第四军、第七军首批入湘，协助唐生智部稳定了湘南局势。进军湘鄂战前，湖南省长、军阀赵恒惕拥兵四个师，名为自治，实为吴佩孚的附庸。1926年初，湖南人民掀起"驱赵讨吴"运动。湖南省防军第四师师长唐生智与两广取得联系后，起兵反赵，占领长沙、岳阳，就任代理省长。唐生智倾向革命，为吴佩孚所不容。4月，吴佩孚命赵恒惕所部第三师师长叶开鑫为湘军总司令，率三个师和两个旅反攻长沙；同时，命湘鄂边防军司令李倬章率四个师另三个旅增援叶开鑫。在吴军重兵压迫下，5月初，唐生智被迫放弃长沙，退守衡阳，急向广州国民政府求援。广州国民政府于5月10日决定派兵援助唐生智，遂命第七军第七、第八旅先行入湘。21日，任命唐生智为国民革命军第八军军长、北伐前敌总指挥。24日，又派第四军第十师、第十二师和叶挺独立团入湘援助唐生智。第七军第八旅于6月1日在衡阳西北金兰寺地区击退叶开鑫一部的进攻。叶挺独立团，作为北伐先遣部队已开赴湖南前线，为北伐进军开辟了道路。叶挺独立团于6月2日到达湖南安仁，在第八军第三十九团配合下，在安仁北面的禄田、龙家湾地区击退直系军阀四个团的进攻。5日，进占攸县。"援唐之战"取得胜利，稳定了湖南战局，打开了北进通道。

7月上旬，国民革命军第四军、第七军和第八军在安仁、衡阳、永丰（今双峰）地区集结后，分三路向长沙进攻。左路第八军第二师、第四师和第七军第八旅相继攻克娄底、谷水、潭市，向宁乡推进。右路第四军第十二师指向沈潭（醴陵南），叶挺独立团进击泗汾，第十师在皇图岭策应，迫敌向浏阳退却，不战而下醴陵。中路第八军第三师、教导师、鄂军第一师连克湘乡、湘潭后，第三师于11日进占长沙，俘敌2000余人。叶开鑫残部退守汨罗江北岸。7月间，第四军、第七军、第八军攻克长沙、醴陵，取得了北伐战争首个战役的胜利。

在长沙战役取得胜利后，国民革命军总司令蒋介石及其司令部决定亲赴前线，北上长沙。北伐革命军取得长沙和湘中的胜利，既激励了革命军，也使军阀感到震惊。7月中旬后，革命军一方和军阀一方均在制订下一步作战计划，就出现了一个月的作战间隙。8月12日，蒋介石在长沙召开军事会议，决定乘吴佩孚军主力在直隶进攻国民革命军，湖北兵力空虚之机，迅速以主力直趋武汉，对江西暂取守势。由唐生智兼中央军总指挥，率左纵队（第八军）和右纵队（第四军、第七军）攻取岳阳、平江，直指武汉；朱培德为右翼军总指挥，率第二军、第三军、独立第一师（由赣军第四师改编）和第五军第四十六团集结醴陵、攸县等地，对江西警戒，掩护中央军侧背安全；袁祖铭为左翼军总指挥，率由黔军改编的第九军、第十军从湖南常德地区进取湖北沙市、荆门，相机占领宜昌、襄阳；第六军和第一军、第一师、第二师为总预备队。在当时，北伐军的大方向是向北讨伐军阀，但北伐军中内部关系也是很微妙的，他们之间既有些历史上的瓜葛，也有当前和未来的利害得失。当时北伐军的八个军大体上可以分成三种势力：第一是蒋介石军事势力，这就是他的第一军；第二是"保定帮"的第八军和第七军；第三是与前两种势力均无多大关系的第二军、第三军、第四军、第五军、第六军。这三种势力的存在，影响着北伐计划的安排，甚至关系到战争胜利后权力的再分配。这些，在北伐之初就有所反映，革命军内部矛盾重重，错综复杂。李宗仁曾回忆这段时间，谈到有官兵对蒋介石补给分配的不满。"他们举个明显的例子说，各军出发以来，例须按期发放草鞋。然蒋总司令却吩咐，他的第一军每一士兵发给两双；其他二、三、四、六各军，却平均每一士兵连一双草鞋还领不到。"

嗣后，北伐大军相继入湘，分成左、中、右三路，向湘北吴佩孚部发动进攻。8月19日，中央军向汨罗江北岸发起进攻。右纵队第四军进攻平江，其右翼第十师从托田渡汨罗江进占肥田，左翼第十二师借其掩护，由白雨湖渡汨罗江，一部向天岳山、鲁肃山实施佯攻，一部向平江城东北攻击前进，经过激战，守军由北门退入城内。叶挺独立团向平江城东门猛攻，击退守军，攻入城内。平江守军一个旅被缴械。与此同时，右纵队第七军第一旅、第二旅分别占领渌口、黄塘后，在将军坪击退顽抗之敌，迅速向张家牌前进。第八旅猛攻将军山，遭守军反击。第七军使用预备队从两翼投入战斗，击退守军，攻占张家牌。左纵队第八军于同日渡过汨罗江后，未遭抵抗，即分别占领长乐街、黄谷市。之后，左右两个纵队乘胜前进，至8月22日连克岳阳、通城（属湖北）、羊楼司等地，开始进入湖北境内作战。

在此期间，吴佩孚率部协同张作霖部在直隶南口（今属北京）等地将国民革命军击败后，调兵南下，亲率湖北暂编第四师和陆军第八师于8月25日抵达汉口，令自岳阳、通城败退的湖北暂编第一师和卫兵旅等部共万余人固守湖北咸宁地区汀泗桥，并派中央第二十五师第十三混成旅另派一个团增援。另以陆军第八师进至贺胜桥地区设置坚固阵地；武卫军占领纸坊，鄂军第三旅及部分湘军残部在白螺矶、新堤、嘉鱼一带，协同海军阻止国民革命军渡江。

8月25日，国民革命军第四军叶挺独立团作为第十二师的前锋，奔袭粤汉铁路（广州—武昌）上的中伙铺车站，歼灭吴军一个团，第十师进占杨泉畈。第七军占领大沙坪、桂口市。第八军占领临湘（今陆城）、羊楼洞、蒲圻等地。唐生智根据总司令部关于迅速攻占武汉的决定，以第八军攻取汉阳、汉口，第四军、第七军沿铁路北进，攻取武昌。

2. 汀泗桥战役

汀泗桥是武汉南面的门户，地势险要，易守难攻。又是粤汉铁路上的重镇，距武昌约60公里，西北端是湖泊，因夏季水涨，其外围南、西、北三面环水，东面又是崇山峻岭，仅有百余米的铁路桥从镇西南的河面上穿过，因而成为武汉以南最险要的门户。当北伐军赶到汀泗桥西南端时，宋大霈、董政国已纠集湘鄂军残部和来援的陈嘉谟的第二十五师，共两万多人占领了汀泗桥东北的险要地段，抢修了工事。宋大霈被吴佩孚任命为总指挥，设司令部于贺胜桥，以指挥前线守军。第四军代理军长陈可钰决定乘吴佩孚军主力未到达之机，于1926年8月26日凌晨向汀泗桥发起进攻。第十二师第三十五团在高猪山击退吴军一部的阻击，进至铁路桥头，遭对方火力封锁；第三十六团进至汀泗桥东南高地前，遭敌俯射，前进受阻。第十师第二十九团、第三十团分别在第三十六团两侧展开，激战入夜，仍无进展。第三十六团乘夜暗实施中央突破，也未得手。经过几次进攻，双方均伤亡惨重，汀泗桥四次易手。第十二师师长张发奎决心以叶挺独立团和炮兵营向汀泗桥东北的古塘角迂回，从右侧后包围歼敌。27日凌晨，叶挺独立团从小路隐蔽接近古塘角，配合正面部队的全线攻击。吴军遭前后夹击，全线溃败，被俘2400余人，残部向北逃遁。第四军占领汀泗桥，叶挺独立团乘胜猛追，当日中午攻占咸宁城。第四军由此获得"铁军"称号。叶挺独立团一营接到攻打武昌城的任务，一位共产党员班长拿着一封信和一包衣服、几元钱，到营部向营长曹渊报告："我们明天攻城……如果我死了，请把这封信、衣服和钱寄给我母亲。"曹渊说："……我同你一样不怕死，去完成党给我的任务。你的家信和东西不要交给我，可以交给周廷恩书记代你保管。"周廷恩也说："我要同你们一起去攻城。"他们每一个人都做好了为国捐躯的准备，在战场上所向披靡，第一营官兵在攻城时个个奋勇杀敌，几乎全部牺牲。正是这种无谓生死、勇往直前、攻坚克难、敢于牺牲的精神造就了"铁军"的称号。

3. 贺胜桥战役

吴佩孚亲率湖北暂编第四师和陆军第八师及在汀泗桥战役中败退的残部共两万余人，在贺胜桥及其以南的杨林塘、桃林铺、王本立地区梯次设防，妄图死守。贺胜桥西濒黄塘湖，东依遍布蒿草丛林的杨林塘，四周为波状地和小湖沼，不便于作战双方发扬火力，但对攻击精神旺盛、擅长于短兵相接的北伐军是有利的。国民革命军不给吴军喘息之机，于1926年8月29日由第四军、第七军发起贺胜桥战役。第七军第八旅在袁家铺附近击退吴军约一个团的抵抗后，向王本立前进，途中遭吴军反击，被迫后撤。第四军第十二师在杨林塘附近与吴军激战后，形成对峙。30日拂晓，第四军、第七军继续攻击，叶挺独立团猛打猛冲，在杨林塘突入吴军主阵地，向桃林铺攻击前进。此时，吴军一部从侧翼反击，企图对叶挺独立团实施包围。第十师第二十八团和第十二师第三十六团适时增援，协力抗敌，突破吴军桃林铺防线，向贺胜桥发展进攻。第七军攻占王本立后，迅即向贺胜桥东侧的南桥攻击。吴军正面失利，侧背受敌，全线动摇，纷纷溃逃。国民革命军于当日上午占领贺胜桥，俘敌3500余人，中路第四军、第七军、第八军主力全线击破汨罗江吴军防线，之后在汀泗桥、贺胜桥打败吴军主力，进围武昌，一部绕道攻克汉阳、汉口，前锋进追武胜关。

攻打武昌时的女子救护队

4. 会攻武汉

吴佩孚迅速集结兵力，企图凭借长江、汉水优势固守武汉。部署以陆军第三师、第八师等部守备武昌，陆军第十四师守备汉阳、汉口，另以湘军残部在沌口、金口，武卫军和河南第十师

北伐军战士在做攻打武昌城准备

在阳逻、黄冈，湖北暂编第二师和河南暂编第二师在蔡甸、沙洋，第十三混成旅、浚滑游击队等部在汉口附近地区，保障武汉的安全。蒋介石经与前方将领商讨，最后决定：第四军一部沿武长铁路，一部在铁路左侧为主攻；第七军在铁路

右侧助攻；第一军第二师和第八军第八团为总预备队，确定8月30日凌晨开始总攻。

总攻开始前，中共湖北区委和国民党湖北省党部组织的担架队、运输队，中共湖南区委组织的武长铁路工人交通破坏队等赶到前线。中共湖北区委领导下的武汉工代会发动各行各业工人配合北伐军，铁路、轮船工人破坏敌军的交通。当地农民因连日遭到敌军抢掠，转而为北伐军充当向导。国民革命军于1926年9月1日包围武昌城。武汉三镇中，只有武昌守军兵力较强。武昌城墙高厚，城内又有蛇山居高临下，宜守不宜攻，夺取武昌的任务十分艰难。9月2日，前敌指挥部决定以第四军并配属第一军第二师和第七军第七旅、第八旅主攻武昌城；第八军继续准备进攻汉阳、汉口；第七军第一旅、第二旅在鄂城（今鄂州）、樊口切断吴军长江交通，掩护攻城部队侧背安全；第一军第一师为总预备队，在崇阳待命。9月3日蒋介石到洪山麓视察敌情，要求"明日拂晓，第一军第二师将带头冲锋，其他诸军可一路跟上"。蒋介石训斥手下将领刘峙说："尔等如再不争气，何以立世见人！虽至全军覆没，积尸垒丘，亦非所恤！望奋勇拼死，维持尔等光荣之历史！"由于武昌城墙高筑，加之吴军防守严密，攻城部队在缺乏周密准备的情况下，先后于3日、

5日两次攻城，均未奏效，伤亡2000余人。6日，蒋介石和各军将领在洪山召开军事会议，决定以少数兵力在城外对敌保持警戒，主力撤到城外较远的地区集结整顿，改取封锁围困武昌。

　　唐生智的第八军于8月26日开始在临湘、嘉鱼间陆续渡过长江，9月5日向汉阳发起攻击。吴军湖北暂编第二师倒戈，改编为国民革命军第十五军（刘佐龙任军长），配合第八军作战，6日攻占龟山。第八军第二师攻占汉阳兵工厂，第四师占领汉阳城。7日，第八军第二师渡过汉水，攻占汉口。吴佩孚率残部北逃。第八军主力乘胜追击，至16日相继占领武胜关、平靖关、鸡公山和九里关。国民革命军攻占汉阳、汉口后，武昌已成孤城。在北伐军围困下，自9月中旬起，武昌城内开始出现粮荒，吴军士兵在城内挨家搜掠民粮，各商号存粮也被封作军粮，不许市民购买，武昌市内20万居民大都靠树叶、草根充饥。陈嘉谟、刘玉春却遵照吴佩孚的命令，坚持顽抗。为了保存力量和争取时间，陈刘二

邓演达和苏联顾问在武昌城下督战

人又通过武昌文华大学的美国人和武昌商会作为中间人，向北伐军交涉，要求暂停攻城，允许守城军领饷20万元后，携带武器，整队撤退。北伐军坚持要求守军无条件投降，磋商没有结果。9月21日北伐军向武昌城发起试探性攻击，吴军抵抗还是很顽强。

9月中旬，第七军和第一军第二师奉调入赣作战，由第四军、第十五军和第八军一部继续封锁围困武昌。10月8日，守军第三师师长吴俊卿率部投诚。10日，攻城部队在吴俊卿部接应下攻占武昌城，歼敌2万余人，生擒守城司令、第八师师长刘玉春和湖北督理兼中央第二十五师师长陈嘉谟。

北伐军占领武汉三镇，极大地推动了两湖地区革命运动的发展。不久，中国革命的政治中心由广州移到武汉。

（三）进占赣闽

江苏、浙江、安徽、江西、福建向为富庶之区，是兵家必争之地。孙传芳于1925年11月成为五省联军总司令后，便提出"保境安民"口号，一以杜外人觊觎，二以迎合东南资产阶级的愿望。在北伐军入湘前，孙传芳就声明："人不犯我，我绝不犯人……如贪婪窃发，抉我藩篱……亦惟有率我五省之师旅以遏制之而已。"正当国民革命军席卷两湖，吴佩孚军濒于崩溃之际，孙传芳于8月25日在南京召开军事会议，决定从苏、浙、皖调兵10万入赣，会同其驻赣部队2万余人进攻湘、鄂，并令福建督理周荫人部进攻广东，企图威胁国民革命军后方。国民革命军总司令部为达到占领江西的预定目标，决定对江西转取攻势。

1. 进攻江西

9月上旬，国民革命军分三路进军江西。此时江浙地区正在掀起和平运动。参加这一运动的成员政治立场摇摆不定，部分绅商既害怕国民革命军进入东南，也反对孙传芳出师援助吴佩孚。早在8月11日，孙传芳复电各商会，声称："夫驰骋角逐，以较一日之胜负，残民蠹财溺国，芳虽愚绝不为也。……金革之声频惊，不能稍事整备，俾固疆圉……"9月10日，他在会见全浙公会代表时说，"破坏和平，在蒋不在我"，"只须蒋中正将入赣境之部队完全退出，我决不追赶一步"。虽然孙传芳表面用"和平"的名义试图阻碍革命军的步伐，但是这对北伐军没有任何影响。在赣南，由李济深指挥第二军第五师、第五军第十六师第四十六团和第十四军（由独立第一师改编，赖世璜任军长）先于其他方向行动，攻克赣州后沿赣江北上，向吉安方向发展进攻。

在赣西，由朱培德指挥第三军和第二军主力占领萍乡后，连克宜春、万载、分宜，在新喻（今新余）与孙军一部激战三昼夜占领该地后，第三军向高安、第二军主力向樟树方向继续进击。

在赣西北，由程潜指挥第六军和第一军第一师分别攻占修水、铜鼓，最后占领奉新和高安。9月19日，第六军第十九师乘虚攻占南昌城。孙传芳急从南浔铁路（南昌—九江）沿线和樟树地区调兵反击。由奉新向南昌攻击前进的第一军第一师在牛行受挫，伤亡甚重。第十九师孤军苦战三日后，被迫于21日退走南昌。22日，第十九师得本军第十七师增援，再次攻入南昌，又遭孙军优势兵力围攻，遂于23日突围，撤回奉新地区。

在此期间，孙传芳将其在赣、闽的所有部队编组为五个方面军，并设司令部于九江，亲自坐镇指挥，坐稳江西，再图两湖计划以一路反攻南昌后，由高安方向进击长沙；一路由武宁越过九宫山攻取湖北通山；一路由武穴渡江攻阳新，在咸宁、蒲圻间截断武昌至长沙铁路，然后北上解救武昌。

国民革命军第二军第五师占泰和、吉安，向樟树前进。第十四军击溃吉水之敌，向永丰追击。第二军主力在峡江、仁和渡赣江，于10月上旬在新淦（今新干）地区与孙军激战后，占领永泰，继而不战而下樟树、丰城，向南昌推进。在此期间，孙军一部进占湖北大冶、鄂城，一部进抵通山、崇阳，威胁武昌。此该，刚刚站稳脚根的国民革命军前敌指挥部告急。第七军军长李宗仁为解其困，采取"围魏救赵"之计，率部由阳新迅速潜入赣北，威胁九江、德安，迫孙军西进之师东调。第七军在箬溪地区全歼孙军谢鸿勋师后，于10月3日进至南浔铁路中段德安地区，遭孙军卢香亭等部四个旅抗击，经激战毙俘敌各千余人，占领德安。面对这一局势孙传芳急调南昌、九江和已进入鄂东南的部队反击。第七军被迫撤至箬溪，稍事休整后，再攻德安，终因孤军无援，于7日撤至德安、箬溪间的罗家铺地区，双方形成对峙。与此同时，位于奉新的国民革命军第六军和第一军第一师强渡修水河，占领永修，遭由德安增援的卢香亭部包围，被迫突围转移至永修西北的白槎。第三军经新喻激战后，10月2日，在万寿宫地区歼灭孙军郑俊彦部2000余人。8日，进至牛行、乐化地区，又与孙军郑俊彦、卢香亭部遭遇，鏖战至12日，终因孙军不断增援，第三军伤亡甚重，前进受阻。在此不利情况下，蒋介石仍令第二军和第一军第二师于10月11日强攻南昌。由于守军早有准备，凭借易守难攻的城防，并利用夜暗组织反击，攻城部队连攻三日不克，伤亡甚重，被迫于13日撤退。

2. 南浔路战役

南浔路战役是国民革命军与孙传芳"五省联军"主力在江西北部的南浔铁路进行的作战。国民革命军总司令部总结三次攻打南昌失利的教训，主要在于孙传芳军控制南浔铁路主要干线，便于机动。于是决定集中兵力，先破南浔铁路各要点之敌，而后再取南昌，并决定从武昌增调第四军入赣作战。国民革命军入赣部队分三路于11月1日开始总攻。右翼军右纵队第十四军在第二军配合下，先期于10月20日攻占抚州，切断孙军入闽通路，从东南向南昌推进。左翼军第七军于11月2日攻占德安，第四军在独立第二师（由湘军第一师改编）和第七军一部配合下，于3日攻占马回岭后，第四军、第七军主力在德安以南的九仙岭击败孙军两个师，截断南浔铁路，向永修推进。独立第二师在九江、瑞昌间的晒湖桥歼灭孙军一个师，至7日占领九江、瑞昌、湖口和武穴。中央军第六军于11月3日开始向乐化攻击，遭孙军多次反击，伤亡较重，后总预备队第一军第一师、第二师赶到，协力攻击，于4日占领乐化、永修。

与此同时，右翼军右纵队第二军主力已由进贤、三江口进逼南昌，右翼军左纵队第三军在第二军、第一军、第七军、第六军各一部配合下，于11月7日占领牛行，继向余干方向追击，在滁槎俘敌1.5万人。孙传芳见大势已去，乘舟逃回南京。南昌守军待援无望，弃城溃逃，被歼万余人。1926年11月8日，国民革命军占领南昌。11月9日，蒋介石进入南昌，江西战役胜利结束，这次战役歼灭了孙传芳的大部分精锐部队。至此，孙传芳的第一军、第二军、第三军牺牲殆尽。国民革命军牺牲也很大，下级干部牺牲者约占75%，团长牺牲者占半数，士兵伤亡约1500人。

3. 进占福建

1926年9月下旬，孙传芳为策应江西战场作战，令福建督理周荫人部进攻粤东。周荫人将所部三万余人编为四个军，于10月上旬攻占广东蕉岭、松口（今梅州市梅县区松口镇）、饶平（今三饶）等地。国民革命军第一军军长何应钦乘湘、鄂、赣战场节节取胜之机，转守为攻。

10月中旬，国民革命军第一军第三师、第十四师袭击周部后方，攻占永定，然后回师松口，俘周部第三军4000余人，缴枪约4000支，炮10余门。此时，周部第二军曹万顺、杜起云两个旅在蕉岭通电起义，后改编为国民革命军第十七军（曹万顺任军长），随即进至中都、松源地区（今梅州市梅县区松源镇），将该地区的周部第三军残部全部歼灭，尔后向上杭挺进。

至此，在上杭地区的周部第四军和第二军残部退守长汀。10月下旬，刚刚改编的第十七军由上杭沿汀江两岸向北推进，在由赣入闽的第十四军第二师配合下，击退守军，进占长汀。由第一军补充团扩编组成的独立第四师在第二十师第五十八团等部配合下，先后在饶平、诏安、漳浦击退周部第一军后，于11月相继占领漳州、同安、泉州、莆田、永泰，逼近福州。12月初，第二军第六师由赣入闽，攻占建瓯，切断闽、浙孙军联系。此时，驻闽海军起义，周部李生春旅投降。12月9日，国民革命军占领福州，国民革命军占领福建全境。

（四）会攻南京

孙传芳连遭失败，求救于奉军张作霖，联合组成安国军，张作霖任总司令，孙传芳和张宗昌任副司令。计划以奉军一部入河南，促吴佩孚反攻湖北；孙传芳反攻江西；张宗昌率直鲁联军接防苏、皖北部，配合反攻鄂、赣。孙传芳收集残部8万余人，部署在沪宁铁路、沪杭铁路沿线及皖南地区，阻击国民革命军的进攻。

1926年10月，中国共产党为配合支援北伐，在上海发动第一次工人武装起义，建立"上海市民自治政府"。24日凌晨三四点，上海工人第一次武装起义开始，因迟迟没有听到约定的军舰开炮声的信号，部分工人队伍自动解散。其他区消息泄露导致数人被捕。军阀孙传芳部对工人、市民进行镇压。工人100余人被捕。上海总工会委员陶静轩、"起义总指挥部"成员奚佐尧等10多位共产党员被杀，起义失败。上海区委总结起义失败的原因，将之归为三点：一是起义时间选择不当。二是过于看重资产阶级力量，过于依赖国民党。三是没有广泛地进行宣传和发动群众，已经组织起来的工人队伍缺乏锻炼。

为肃清长江下游之敌，国民革命军总司令部于1927年1月上旬决定进军杭州、上海，会攻南京。蒋介石兼中央军总指挥，主攻南京，率江右军（由第六军、第二军和独立第二师组成，程潜任总指挥）和江左军（由第七军、第十军、第十五军组成，李宗仁任总指挥）分由赣、鄂沿长江两岸向皖、苏推进。何应钦为东路军总指挥，助攻南京，率第一军、第十四军、第十七军、第十九军（由孙军第一师起义改编，陈仪任军长）和第二十六军（由孙军第三师起义改编，周凤岐任军长）自赣、闽分路入浙，夺取杭州、上海。唐生智为西路军总指挥，牵制北面之敌，率第八军、第四军、第九军、第十一军由鄂入豫。

1927年1月下旬，何应钦指挥的东路军第一军、第二十六军在第二军配合下，由浙江衢州向杭州方向发起进攻，在龙游附近击退孙军一部，于2月上旬进占兰溪、金华后，乘胜向淳安、建德（今梅城）、浦江推进。2月11日，在桐庐、诸暨、富阳地区遭孙军孟昭月等部四个师抵抗，激战五日，俘敌8000余人，于2月18日占领杭州。此时，中国共产党为配合国民革命军进攻上海，发动了第二次上海工人武装起义，并在共产国际指导下进行军事布置，起义得到了广大群众的拥护和支持，在国民革命军先头部队的配合下，经过浴血奋战，起义取得了胜利。

在此期间，东路军第十四军、第十七军和第一军由闽入浙，相继攻占临海、宁海、宁波、绍兴等地，肃清浙江境内的孙军。3月上旬，东路军开始进攻淞、沪。20日，第十四军、第十七军、第二军和第一军一部经太湖以西攻克常州、丹阳等地，截断沪宁铁路；第一军主力和第二十六军克松隐、松江、吴江、苏州，逼近上海。3月21日，周恩来等领导上海工人举行第三次武装起义，经过30多个小时激战，成功占领上海。第一军乘机进占上海市区。

与此同时，江左军由湖北东部向安庆、庐州（今合肥）挺进。东路军、中路军从苏南、皖南、皖北方向直接威胁南京，形成三面包围之势；由于孙军刘宝题师、陈调元师、王普旅和叶开鑫残部相继起义，3月4日，不战而下安庆之地，至18日，进至庐州、六安之地。江右军由江西沿长江南岸东进，相继攻克芜湖、当涂。3月20日，程潜命令所部开始总攻南京，经两天激战，扫清江宁镇、秣陵关、龙都等南京外围据点。23日，第二军进逼中山门、光华门；独立第二师进攻通济门、武定门；第六军进抵雨花台，该军第十九师由中华门冲入城内。当晚江右军各部分路进城，南京守将褚玉璞眼见面临全军覆没的危险，决定放弃南京。次日早上，程潜指挥第二纵队、第三纵队占领南京全城。

（五）宁汉分裂

1927年3月24日，国民革命军第二军、第六军占领南京。另一支北伐部队，国民革命军第一军等从广东出

宁汉分裂

兵福建，于12月间占领福建全省，向浙江挺进。1927年2月底，占领浙江全境。3月22日第一军进驻上海。至此，长江下游全由北伐军占领。北伐革命取得了决定性的胜利。

北伐胜利在望，国共两党的矛盾也日渐尖锐。1927年3月，蒋介石已决定用暴力手段实行清党时，陈独秀还致信中共上海区委，提出"要缓和反蒋"。4月5日，陈独秀同汪精卫发表联合宣言，把"国民党领袖将驱逐共产党，将压迫工会工人纠察队"的真实计划，说成是"不审自何而起"的"谣言"，不仅完全掩盖了蒋介石蓄谋已久的屠杀阴谋，而且致使一部分共产党员对严峻复杂的形势放松了警惕，卸除了革命群众的思想武装。1927年4月12日，蒋介石在上海发动四一二反革命政变，逮捕并屠杀中国共产党员和国民党"左"派。4月18日，蒋介石在南京另立南京国民政府，与武汉国民政府对峙，宁汉分裂。

北伐军攻克上海、南京后，孙传芳不甘心失败，与张宗昌组成直鲁联军，反攻南京。奉系军阀张作霖也派兵进入河南，威胁武汉。"四一二"反革命政变后处于分裂状态中的宁汉两方，各自为战。武汉方面以唐生智为总指挥，组成三个纵队进军河南，在漯河、临颍击败奉军主力；6月1日，与冯玉祥部会师郑州。

南京方面亦组成三路军，北伐陇海路，5月下旬克蚌埠，6月初占徐州，后与直鲁军相持于鲁南。7月下旬，直鲁军反攻，占领徐州，蒋介石组织反攻未果，遂于8月12日辞职。随后，直鲁军进逼南京，在龙潭战役中为南京方面的军队所败，丧其主力，双方复相持于津浦路。年底，何应钦指挥第一路军反攻，12月再克徐州。国民革命军联军总司令冯玉祥于5月1日就任国民革命军第二集团军总司令以来，率部东出潼关加入北伐行列，与武汉军会师郑州、开封，随后进入豫东与直鲁军作战，曾取得两次兰封战役的胜利，并肃清豫境吴佩孚残余势力。山西阎锡山亦于6月宣布就任国民革命军北方军总司令职，派部进入直隶，占领张家口、石家庄，后因奉军反攻，阎军除傅作义部坚守涿州外，余均退回山西境内。

　　1927年7月15日，武汉国民政府领袖汪精卫召开"分共"会议，公布《统一本党政策案》，正式与中国共产党决裂。8月1日，周恩来、贺龙、叶挺、刘伯承等发动南昌起义，自此第一次国共合作彻底破裂。

　　1927年8月13日，蒋介石以退为进，宣布下野。8月19日，武汉国民政府宣布迁都南京。9月，汪精卫亲抵南京，宁汉合流。不久汪精卫又鼓励唐生智与张发奎分别于10月爆发宁汉战争、11月爆发广州张黄事变，但南京国民政府皆获得战争的胜利，迫使唐生智、张发奎等出国流亡。

汪精卫

至此，广州国民政府随着北伐，先后成立武汉国民政府和南京国民政府，随着国民党党内明争暗斗，政治争权、军事争斗，最终确立南京国民政府。

（六）二次北伐

1927年12月3日至10日，国民党中央执行委员会在上海召开国民党二届四中全会预备会，会议决定恢复蒋介石北伐军总司令的职务。1928年1月4日，蒋介石到任，继续领导北伐。至此，因权力斗争耽搁的北伐得以继续推进。

1928年2月15日，冯玉祥（左一）、黄郛（中）、蒋介石（右二）等在开封商议北伐事宜后合影

北伐军在占领河南之后，屡次致电冯玉祥、阎锡山及各将领准备北伐。2月28日，中国国民党中央政治会议决议冯玉祥为第二集团军总司令，阎锡山为第三集团军总司令，统

一归蒋介石指挥。

1928年4月7日，蒋介石在徐州誓师继续北伐。9日，各路北伐军发起全线总攻。第一集团军第一军团总指挥兼第一军军长刘峙，指挥王均的第三军、缪培南的第四军、顾祝同的第九军、杨胜治的第十军和贺耀组的第四十军由徐州北进，担任津浦路正面进攻。曹万顺的第十七军、陈焯的第二十六军、夏斗寅的第二十七军、金汉鼎的第三十一军和陈调元的第三十七军进攻临沂、沂水，直趋胶济线为右翼。第四军团总指挥方振武，率阮玄武的第三十四军、鲍刚的第四十一军、高桂滋的第四十七军和余念慈的独立骑兵师，沿鱼台、金乡进攻济宁为左翼。20日，方振武部攻占济宁。奉鲁军张宗昌残部退向泰安一带。21日，方振武部由济宁继续北进。28日晚，方振武部夺取万德、张夏之线，与津浦路正面的第一军团刘峙部会师。30日，各路军

1928年7月6日国民党领袖在北京西山碧云寺孙中山陵寝安置处举行孙中山祭祀典礼，以完成北伐告中山先生在天之灵

会，国会为民国中心，宪法为立国大本"，故"今日言和平救国之法，惟有恢复国会完全自由行使职权一途"。可见约法和国会在孙中山心目中的地位。

重视军事斗争。孙中山为恢复约法和国会，先后进行过多次护法战争。如辛亥革命时期的北伐、1915年第一次护

五卅运动

法战争、1922年第二次护法战争和1924年江浙战争爆发时孙中山领导的北伐，等等。这一切都足以说明孙中山重视军事北伐。

联合其他力量。早期的孙中山没有自己的军事武装，进行军事北伐只能依赖地方军阀，即采取利用或联合一派军阀反对另一派军阀的做法，但这也致使他领导的多次北伐都因地方军阀的反对和破坏而失败。在共产国际和共产党人的帮助下，孙中山认识到联合革命力量的重要性，进入了以革命武装进行北伐的新时期。后来的北伐，如果没有各种力量加入，也不可能这么快统一全国。

2. 国共合作

北伐的成功是国共两党共同努力的结果。北伐战争期间，中国共产党的积极动员和有力组织，为北伐战争的胜利做出了卓越的贡献，主要有以下方面：

第一，共产党员直接参与北伐。在北伐军中，一大批共产党员担任各级党代表或政治处长，或者担任基层指挥员、战斗员。如，周恩来担任第一军副党代表，李富春担任第二军副党代表，朱克靖担任第三军党代表，罗汉担任第四军党代表，林伯渠担任第六军副党代表，萧劲光担任第二军第六师党代表等。以周恩来、毛泽东、林伯渠、张太雷、邓中夏、萧楚女、恽代英、李富春、聂荣臻、蒋先云等为代表的共产党人实际上领导了北伐军的全部政治工作，政治建军对北伐胜利进军起了重要作用。

第二，中国共产党领导下的工农武装的配合和支持。北伐战争是一场讨伐北洋军阀的正义战争，它之所以能取得胜利，是因为得到广大工农群众武装的支持和配合，这极大地鼓舞了国民革命军的士气。

在中国共产党领导下，工人运动得到迅猛发展。湖南、湖北的工会会员，到1926年年底，已有30余万人，在许多地区，工人还建立了自己的武装纠察队。1927年1月，汉口、九江工人群众在李立三、刘少奇的领导下，举行了声势浩大的反帝示威，先后收回了汉口、九江的英租界。上海工人阶级在中国共产党领导下，为了配合北伐军的胜利进军，先后举行了三次武装起义。

在中国共产党的领导下，农民运动得到蓬勃发展。在北伐革命战争期间，同工人革命运动一样，农民运动也在大半个中国蓬勃开展起来。到1927年6月，全国已有201个县成立了农民协会，人员发展到1000多万人，对农村的封建势力进行了一次空前的扫荡与冲击。因而，没有工农武装的配合和支持，北伐难以取得成功。

3. 军事策略

国民革命军在战争初期以两广为基地，策略以"打倒吴佩孚，联络孙传芳，不理张作霖"为主，实行各个击破。

早在1925年9月，苏联军事顾问加伦就提出了集中兵力、各个歼敌的北伐军事战略方针。但是，由于国民革命军将领都有自己的算盘，想通过革命壮大自己实力。所以在1926年4月国民政府军事委员会制定的北伐进军计划中，提出同时向湖南和江西进军，即同时与吴佩孚和孙传芳作战。加伦回到广州后，立即要求修改计划。经过加伦的劝说和多次磋商，各军将领才同意集中兵力、各个歼敌的战略方针，即首先向湖南、湖北进军，长驱直进，迅速消灭吴佩孚所部。其次，和孙传芳进行谈判，并向湖南、江西边境和广东、福建边境分别派出部分兵力进行监视和防备，待两湖战场取得胜利后，再集中兵力消灭孙传芳。最后，集中兵力消灭张作霖，统一全中国。后来的事实证明，苏联军事顾问加伦的战略构想是北伐战争取得胜利的一个重要条件。

军事指挥方面，北伐军在战争中发扬长驱直入、运动歼敌、穷追猛打、速战速决、英勇顽强、连续作战的作风；审时度势，灵活运用兵力，适时转变战法，保持战争的主动权；分化瓦解敌军，补充扩大自己。这些都是国民革命军能以少胜多的重要因素。国民革命军的北伐，是中国历史上仅有的两次从南向北统一全国的例子（另一次是明朝对元朝的北伐），虽然它所达成的统一在很多方面来说都只是属于形式上的，当时还有"军事北伐，政治南伐"的说法。

引领近代革命潮流的广东，在国共合作这一历史背景下，汇聚全国革命进步力量，成为轰轰烈烈国民大革命运动的桥头堡。那时的广州是中国革命摇篮之地，黄埔军校更是全国各地有志青年向往之地，也是他们一展抱负、投身革命的地方。在经历孙中山北上和平统一全国的失败之后，在

"革命尚未成功,同志仍需努力"的感召之下,通过东征南讨,广东实现全境统一,并以广东为基地,进行北伐革命,实现了全国统一。广东以东征南讨和北伐战争的历史成就诠释了中国革命先行地的历史地位。

主要参考文献

1. 中国社科院近代史所编：《孙中山全集》1—11册，中华书局1981年版。

2. 广东省委员会文史资料研究委员会编：《广东省军阀大事记》，广东人民出版社1984年版。

3. 中共广东省委党史研究委员会、中共广东省委党史资料征集委员会编：《第一次国共合作研究资料》，新丰县印刷厂，1984年。

4. 广东省政协文史资料研究委员会编：《粤军史实纪要》，广东人民出版社1990年版。

5. 陈锡祺主编：《孙中山年谱长编》上下册，中华书局1991年版。

6. 孙道昌编：《广东革命历史文件汇集》1—75册，中央档案馆、广东省档案馆，1992年。

7. 中共惠州市委统战部、中共惠州市委党史办公室编：《东征史料选编》，广东人民出版社1992年版。

8. 汕尾市人物研究史料编纂委员会编：《陈炯明与粤军研

究史料》1-6册，汕尾市人物史料编辑委员会，1993年。

9. 中共广东省委组织部、中共广东省委党史研究室、广东省档案馆编：《中国共产党广东省组织史资料》，中共党史出版社1994年版。

10. 广州市政协文史资料研究委员会编：《广州文史资料》，广东人民出版社1997年版。

11. 丁身尊主编：《广东民国史》上下册，广东人民出版社2004年版。

12. 王奇生编著：《中国近代通史：国共合作与国民革命》，江苏人民出版社2006年版。

13. 东莞政协编：《孙大元帅东征暨国民革命军东征纪事》，广东人民出版社2007年版。

14. 莫华生著：《广州国民政府南征》，线装书局2008年版。

15. 段云章、沈晓敏著：《岭南文库：孙文与陈炯明史事编年》，广东人民出版社2012年版。

16. 陈宇编著：《黄埔军校年谱长编》，华文出版社2015年版。

17. 苏若群、姚金果著：《第一次国共合作始末》，中共党史出版社2016年版。

18. 报刊资料：《新青年》《向导》《劳动界》《劳动音》《劳动者》《广州民国日报》《工人之路特号》等。

后　记

　　本书稿是新中国成立以来在我国发生的传播速度最快、感染范围最广、防控难度最大的一次重大突发公共卫生事件"新冠肺炎疫情防控期间完成的。"合作""北上""东征""南讨""北伐"等国民大革命时期的重要历史关键词，民众大都耳熟能详。在历史史实众所周知的背景下想要有所创造，已无多大空间。因而，本书在"因循守旧"道路上继续前进，在史实史料基础上排列组合，希望通俗易懂，有所新意。

　　本书稿能完成，要感谢黄钰钦和李容两位研究生，两位学生聪明伶俐，学术功底很好，她们在搜集资料、梳理史实、补充校正等方面做了大量工作，帮了很多忙，让我轻松不少。

　　本书是"红色广东"十讲之一，由广东人民出版社发起和出版。在一群具有情怀的出版人的帮助和督促下，此书以这种状态呈现，感觉对不住他们。梵辅同志估计没少受我"烦"，尤其是不按时间交稿，不按字数定稿，在此表达歉意。

　　文责自负。书稿引用了许多学术同仁的观点和成果，限于文体，没有引注，也有一些网络资料和图片，难以标注，在此一一表达感谢。限于时间和水平，书稿恐有不足之处亟待完善，盼请师友和读者批评指正。

胡国胜

2020年3月8日